家训

编著/ 中共北京市东城区委宣传部
北京市东城区东四街道
北京师范大学国学经典教育研究中心

世界知识出版社

图书在版编目(CIP)数据

家训 / 中共北京市东城区委宣传部等编著. —北京:世界知识出版社, 2017.3

ISBN 978-7-5012-5453-8

Ⅰ. ①家… Ⅱ. ①中… Ⅲ. ①家庭道德—中国 Ⅳ. ①B823.1

中国版本图书馆CIP数据核字(2017)第053220号

责任编辑 张迎辉

责任出版 王勇刚

书　　名 家训
Jia Xun

编　　著 中共北京市东城区委宣传部
北京市东城区东四街道
北京师范大学国学经典教育研究中心

出版发行 世界知识出版社

地址邮编 北京市东城区干面胡同51号（100010）

电　　话 010-65265923（发行） 010-85119023（邮购）
010-65233525（编辑）

网　　址 www.ishizhi.cn

印　　刷 北京艺堂印刷有限公司

经　　销 新华书店

开本印张 710×1000毫米 1/16 9½印张 8插页

字　　数 150千字

版次印次 2017年3月第一版 2017年9月第二次印刷

标准书号 ISBN 978-7-5012-5453-8

定　　价 28.00元

编辑委员会

序言
preface

现代都市社区家训与家风建设研究
——以北京市东城区东四街道为例

家是一个人最重要的栖息地，是一个人从出生之日就接受抚养和教育的地方，是一个人获得生存所必需的社会和文化资源的主要场所。即便是在现代社会，家庭出身依然是形成一个人社会地位的最基本因素，影响着一个人各种资源即韦伯所谓“生活机会”的获得。“家庭的主要功能之一，就是把我们嵌入会影响我们获得资源的社会网络之中，由此影响我们的人生成就。”

我们的古人很早就意识到了家庭对个人的成长、对国家建设的重要性，因而非常注重家训的制定和实施，注重家风的培植和传承。历史上无论是显赫的大家族，还是默默无闻的平民之家，往往都有独特的家训和家风，给后世留下了珍贵的遗产。尽管在现代社会，传统家训和家风赖以立足的宗族制度的土壤大量流失，但这并不意味着家训和家风的沦丧。相反，家训一直存在于我们的日常生活中，家风也随着时代的变化，在变革中传承，在传承中变革，并在个人成长和家庭建设中缄默地发挥着作用。

2014 年，中央电视台在马年春节期间的“新春走基层”系列新闻专题片中，播出了“家风是什么”的采访，引发了社会的极大关注。2015 年 2 月 17 日，中共中央、国务院在北京人民大会堂举行 2015 年春节团拜会，习近平主席在讲话中指出：“不论时代发生多大变化，不论生活格局发生多大变化，我们都要重视家庭建设，注重家庭、注重家教、注重家风。”2016 年 12 月 12 日，在会见第一届全国文明家庭代表时，他再一次指出：“无论时代如何变化，无论经济社会如何发展，对一个社会来说，家庭的生活依托都不可替代，家庭的社会功能都不可替代，家庭的文明作用都不可替代。

无论过去、现在还是将来，绝大多数人都生活在家庭之中。我们要重视家庭文明建设，努力使千千万万个家庭成为国家发展、民族进步、社会和谐的重要基点，成为人们梦想启航的地方。”并通过与会代表再次向全国各族人民发出了注重家庭、注重家教、注重家风的号召。这使得家庭、家教、家风成为全社会关注的话题和学术界的研究热点。

在现阶段，有效地开展家教、家风建设，迫切需要对传统的资源进行清理，对先行者的经验进行总结，从而提炼出符合时代要求、具有推广价值、切实可行的操作方案。在这一点上，北京市东城区东四街道已经积累的近十年的经验，对我国未来的家庭、家训和家风建设，具有先导性的意义和重要的借鉴价值。

一、将家训和家风建设作为社区文化建设的切入点

在城市街道或社区文化建设过程中，北京市东城区东四街道较早地选择了以家训、家风建设为切入点，而且常抓不懈，迄今持续了近十年。

家训是父祖长辈对后代子孙的教训，是先人为后辈所制定的立身处世、居家治生的原则和教条，它是借助尊长的权威，加之于子孙的又一重道德约束，在某种意义上甚至具有法律的效力。名称上，家训有家教、家诫、家规、家仪、家训、家法、家约、家矩、家则等异名。形式上，家训可以分为训诫活动的家训和文献形式的家训。所谓训诫活动的家训就是停留在口头，没有落实在文字上；所谓文献形式的家训则是以书信、规条等形式呈现的文本。前者是动态的活动，后者是静态的文献。内容上，家训也分为两类：一是着重于家庭子弟的道德修养，教授为人处事要法；二是集中于居家治生，以至于是祠堂、义庄、学塾等的管理规条。性质上，我们把家训分为非规范性和规范性两种。所谓非规范性家训，是针对一人一时的训教，有针对性强、目标明确、性质单一的特征。为什么要训诫，有具体的原因；怎样训诫，有具体的内容；甚至训诫的效益如何，也有具体的结果。而规范性家训则具有普遍意义，不再是针对一人一事的教诫，而是着眼于一个人的一生，为了一个

家族的世世代代。

家风则是家庭的风气，它是一个家庭的传统，是一个家庭的文化，通常是经过时间积淀的产物。希尔斯在《论传统》中，认为传统的形成“至少要持续三代人——无论长短——才能成为传统”。而在传统的延传过程中，即使发生了一些变化，它最核心、最基本的要素“在延传和承袭的相继阶段或历程中基本上保持着同一性”。如同一个人有气质、一个国家有性格一样，一个家庭在长期的历史过程中，也会形成自己独特的风习和传统。这样一种看不见、摸不着的风尚习气，以一种隐性的形态，存在于特定家庭的日常生活之中，家庭成员的一举手、一投足，无不体现出这样一种习性，这就是家风。

家训和家风是既有区别、又相关联的概念。家风的形成，有赖于家训；家风通常是家中长辈长时间的言传身教，引导、约束、督责、惩戒的结果。通俗地说，我们可以把家训看作是教化家人的教科书或教学活动，而家风则是经由长期教化所造成的结果。但是，家风一经形成，也就会转化为了教化的资源，具备教育的特质，并且具有“润物细无声”的意义。归结到一点，无论是家训还是家风，对于家中子弟都具有切近的教育意义，不过，家训可以立即实现，而家风的作用则是一个漫长的过程；家训表现为隐性的耳濡目染，而家风表现为显性的耳提面命。

本来，所谓的家训，只是一家人或一族人所必须遵守的规范，是“宗法中国”在传统社会中，家长为保证家庭或家族的长久兴旺、为使家族内部的事务有章可循而制定的规章制度。家训一旦制订，就必须为子孙后代或族人所遵守，否则，就有可能受到族众的体罚、舆论的谴责乃至家法的制裁。但家训的约束范围又非常有限，只对家人或族人有效力，对此外的其他人，它没有任何约束性，换句话说，家人或族人之外的其他人，没有遵守这些规条的义务。

但是，家训的社会化，使一个家庭或家族的家训超越了它原来相对单一的训诫对象，走出了一人、一家、一族的狭隘圈子，而有了全社会的意义。从唐朝以后，特别是从宋代开始，有影响的家训之作，往往不再仅仅属于一家一姓，而属于全社会所共有。这既表现为像《太公家教》《朱子治家格言》等家训，成为广泛使用的启蒙教材，以及诸如《袁氏世范》《了凡四训》等，成为流传很广的劝善读本，也表现为像司马光的《家范》、孙景修的《古今家诫》、薛梦李的《教家类纂》、彭绍谦的《闲家类纂》、秦坊的《范家集略》、王士俊的《闲家编》、石成金的《传家宝》等家训文献的集结，还表现为不同家训之间内容的相互借鉴。其中特定家训中的劝诫条目和禁戒事项，成了全社会共同的道德规范和行为准则 。

北京市东城区东四街道在城市社区文化建设过程中，选择了以家训、家风建设为切入点，举办形式多样的活动，具体包括：面向全体街道居民征集各自的家训；在每年的清明节，开展以“忆家训、谈家风、促和谐”的主题教育活动；选择有代表性和典型性的家庭，讲说家风故事。这样的做法，具有双重意义：一方面，有利于引导各个家庭，自觉省思、培植和提炼各自的家训和家风，形成各具特色、又指向一致的家训和家风，以构建和谐的家庭关系，筑实家庭这一社会的堡垒，从而培养全社会的良风美俗，一定程度地疗治当今社会的种种乱象。另一方面，它承续了唐宋以来家训社会化的传统，使原本一个家庭的家训和家风，通过这样的活动平台，走出自己一家一户的范围，能为整个街道居民共享，能为其他的家庭借鉴。或者说，以城市街道或社区为单位开展家训和家风建设，是家训社会化传统的延续，具有合理性。概而言之，以家训、家风建设为切入点，来强化街道或社区文化建设的做法，针对性强，目的明确，简便易行，能保证街道或社区文化建设工作效益的最大化。

二、充分利用本地区家训与家风的历史文化资源

东四地区拥有独特的区位优势和丰厚的人文资源，这为东四街道的家训和家风建设，提供了得天独厚的条件。东四街道也充分利用这一优势，挖掘文化资源，以为家训和家风建设提供丰沛的资源和不竭的动力。

东四街道地处古都的中心区域，在朝阳门内，在元代，是元大都寅宾坊

和穆清坊的所在地。明代将元大都改称北京，并在重要的路口设置牌楼，在朝阳门外大街与崇文门内大街的交叉路口，分别设置了东、南、西、北四座牌楼。“东四”的名称，就是由这四座牌楼而来，是“东四牌楼”的简称。

东四是胡同形成的最早地区之一，街道现有7个社区居委会、31条胡同，常住居民数万人。在胡同两旁，依然保持着传统的民居宅院，即方正整齐、规制严谨的四合院。东四地区的四合院，多建于清代及民国时期，是重要的历史文化遗产，现在大都保存良好。四合院建筑古朴，市井生活气息浓厚，胡同里古树繁茂，静谧幽雅，是老北京住宅和市民文化最有代表性的街区之一，甚至有人说，“只有东四胡同才能代表北京城”。2015年，东四三条至八条被住房城乡建设部和国家文物局列为第一批“中国历史文化街区”，成为全国首批30个“历史文化街区”之一。

多户人家居住在同一条胡同甚至同一个四合院内，大家彼此熟悉，能够相互制约，容易相互影响。调查显示，东四居民认为对家庭影响比较大的因素依次是邻里（63%）、社区组织的活动（63%）、节庆习俗（45%）、周围的模范人物（43%）。有人把传统中国“聚族而居”的社会，概括为熟人社会，而将现今大都市概括为陌生人社会。熟人社会相对陌生人社会而言，多一重约束机制：一个人的一言一行，一举一动，都在熟识之人的有意无意的监督之中。一个人在言行举动之际，也会多少考虑他人的感受和看法，从而将自己的言行纳入道德的框架之中。或者说，熟人的存在，无形中对一己的言行构成了一定的制约作用。相对而言，陌生人社会的约束主要靠法律，道德约束要弱化很多。换言之，东四街道胡同和四合院的普遍存在，一条胡同或一个院落居住多家人户，大家低头不见抬头见，不仅导致、催生了家教和家风的出现，而且强化了家教和家风的作用。

历经元、明、清、民国，迄今约750年，东四地区有着厚重的历史文化积淀。辖区内被列入文物保护单位的王府、寺庙、仓廒、四合院共有八处，其中孚王府、崇礼住宅为全国重点文物保护单位，南新仓、大慈延福宫建筑遗存为北京市文物保护单位。雍正时的怡亲王弘晓、著名官员和实业家与建筑家朱启钤、溥仪夫人李淑贤、清代大学士崇礼、徐世昌、段祺瑞，以及文化名人孟小冬、沙千里、叶圣陶、楚图南、廖沫沙、侯宝林、姜昆等都曾在此居住。其中的一些名人官绅，很多从父祖辈起，就已经在东四生活。在长期的家族传承过程中，形成了独具特质的家教和家风，丰富了东四地区的文化内涵。

在家教、家风的建设过程中，东四街道努力挖掘、善于利用这些文化资源，充分发挥这些有代表性人物和典型家庭的作用。比如，清朝乾隆年间，浙江慈溪的董姓先祖来到北京，在东四牌楼摆设钱摊，兑换银两铜钱，积累了一些资本，以后逐步开展存储、房贷等金融业务。由于董氏钱庄坚持和、诚、信的经营理念，逐渐兴旺起来，并带动几位有世交的浙江老乡，开设了恒和、恒兴、恒源等几家钱庄，几乎控制了京城的经济命脉。董氏族人尊老敬老，诚信做事，谦和有礼，善待他人，虽然是大户人家，住的是独门独院，平时并不经常和邻居来往，但逢年过节时，一定要拜访左邻右舍，与邻里的关系很是融洽。董氏后人，也一直承继着这一家风。街道开展“忆家训，谈家风，促和谐”活动，便请董家后人来做典型宣讲。又如，全国著名的道德模范、有“全国敬老之星”和“全国敬老楷模”称号的居民孙茂芳，一直有做好人、行好事、爱奉献的家风。40余年来，他赡养、照顾了29位孤残老人，为其中8位老人养老送终，累计照顾年数为115年，服务时间最长为17年。他还从自己工资中拿出48万元济困，资助了38名特困学生。街道不仅利用各种传媒，表彰他数十年如一日的奉献精神，而且多次请他在活动现场讲解示范，并成立了“孙茂芳工作室”“孙茂芳志愿服务队”等，使得他成为街道“忆家训，谈家风，促和谐”活动中一个标志性的人物。

中共中央办公厅、国务院办公厅转发的23号文件明确指出：社区建设是指“依靠社区力量，利用社区资源，强化社区功能，解决社区问题，促进社区政治、经济、文化、环境协调发展，不断提高社区成员生活水平和生活质量的过程”。“一定的地域”“共同的纽带”“社会交往”以及“认同意识”是社区最基本的要素和特征。东四街道的“忆家训，谈家风，促和谐”主题活动，以身边人和事现身说法，挖掘并活用本地的历史文化资源，不仅生动鲜活，亲切有味，具有很强的说服力和良好的教育效果，而且促进了社区居民的社会交往，强化了社区居民的认同意识。通过对具有优良家风、有代表性的家庭的宣传和推广，带动了其他家庭的效仿，见贤思齐，从而优化整个社区的文化氛围，进而有力地拉动了社区整体的文化建设。我们在调查中发现，东四居民普遍认为，别的家庭的文化对自己的家庭会产生影响。有居民表示："在活动中听别人的家训和家风故事，有理解，有感动，很多都是平时的沟通和交流中听不到的，希望这样的活动能持续开展下去。"

三、广泛动员，开展形式多种的家训和家风建设活动

2008年4月，东四街道举行了第一届"忆家训、谈家风、促和谐"的"家训堂"活动，之后每年清明节前都要举行，坚持不懈，迄今未改。这一年一次的主题活动，甚至要提前一年便开始筹划，以进行最广泛的动员，尽量让更多的家庭参与，目的在于将优良的家教和家风，辐射到社区所有居民的日常家庭教育之中。每年春节后，街道和社区就组织征集家训格言和家训背后的故事，通过社区报等渠道发出征集通知，有时还有针对性地入户征集。每年活动开始之前，东四街道都能征集到家训格言约200条，平均每个社区30条左右。从2007年第一次征集家训至今，征集到的家训总量已达1300多条，家训故事约百篇。从众多家训格言中，通过居民推荐、评选或投票的方式，筛选出较受居民欢迎和认可的家训，在活动中使用。尽管东四街道一直在探索活动形式的创新，每次活动的具体内容会有一些变化，但在活动的流程与模块上，已形成基本稳定的模式：

第一，确定参与者及活动场地。活动场地一般分为两个部分，即宣讲场地和展览场地。每年的活动，都会邀请来自近百个家庭的居民代表参加，东城区委、街道、社区等各级领导也会出席。第二，讲解清明文化与家风文化。活动会邀请有关专家、学者，现场为居民讲解清明节的来历、故事、习俗，解说通过缅怀家教和家风、寄思先人的意义。这样可以使居民了解清明的来

龙去脉，理解在清明节举行家训和家风活动的原因和目的。第三，《跪羊图》表演。这是一首由台湾作曲家所作的歌曲，来源于“羔羊跪乳”的典故。歌曲表演由社区小学的学生完成。通过表演，使得儿童更加深刻理解和体会歌曲中蕴含的孝亲道理，每次表演，都成为对孩子们幼小心灵的一次洗涤。第四，居民分享家风故事。活动会邀请具有典型性的居民代表，分享他们的家训和家风故事，并组织参加活动的居民提问，相互交流。第五，家训、家风的实物展示。活动现场会设置专门的区域，展示东四居民家训、家风的相关内容，经过筛选的家训格言会写在纸条上悬挂出来，或通过展板、幻灯片进行展示，还会有文化性、艺术性的形式，如照片、书画等。第六，同步宣传。活动现场有社区报的记者对居民代表和参会领导、专家进行采访，关于活动的详细报道不仅会在社区报上整版报道，也会在东四街道专门为家风活动建设的“家训堂”网站上刊载。第七，发放经典传统家训与寒食。活动的最后，会向参会的居民发放《弟子规》《朱柏庐治家格言》等通俗易懂又广为流传的古代经典家训，还会一起品尝寒食，体验清明习俗。

由于持之以恒、近十年常抓不懈，使得居民对这一活动的参与度和认同度都很高。97%的居民认为，“忆家训、谈家风、促和谐”这样由社区组织的活动非常有意义。有99.1%的居民认为，与其他家庭的交流有助于自己的家庭建设。99.5%的居民认为，良好的家训和家风对一个家庭来说非常重要，并希望将父祖辈的教诲传承下去。总结居民们认为参加街道组织的家风活动的意义，主要有以下五点：第一，可以认真总结、思考自己的家训家风，通过回顾先人的言行事迹，提炼、总结自家的家训和家风，从自发走向自觉。第二，可以使孩子接受熏陶，养成良好的习惯，培养优良品德。第三，通过活动能够听到专家的点评，对家教、家风以及传统节日的由来及意义有更加深刻的理解。第四，可以聆听并学习其他居民的优秀家教和家风，借鉴别人治家的经验。第五，可以以活动为契机，和邻里进行深度沟通和交流，密切和其他居民、家庭的联系。

四、注重专家引领，提升活动的品质和层次

东四街道家训和家风建设，特别注重“以点带面”。所谓的“以点带面”，具有这样的三重意思：一是“以人为点”，通过参与家训家风建设活动的居民，来带动、影响其家人，使整个家庭的面貌和风气得以改观。二是前面已说过的“以家为点”，通过对具有优良家风传统、有代表性的家庭的宣传和推广，带动其他家庭效仿，从而改善整个社区的文化氛围。三是以专家为点，通过专家的点评和引领，提升领导干部和广大居民的理解和认识，不仅是知其然，而且知其所以然，从而丰富活动的内涵，深化活动的意蕴，提升活动的品质和层次。

家训和家风建设活动健康、持久、有效地开展，离不开专家的指导和引领。所以，2008 年 4 月 2 日举行第一届“忆家训、谈家风、促和谐”清明节主题教育活动时，主办单位东城区文委和东四街道工委、办事处便请来了 77 岁的民俗专家翟鸿起先生，诠释了清明节庆活动之所以一改过去上坟烧纸的旧俗，而成为忆家训、谈家风的意义，从而为该活动确定了基调。此后，每次主题活动便有意识地引导社区居民从更深层次地继承父祖的遗志遗训、保持并光大优良的家风来缅怀先人。东四街道的做法，保留了清明节缅怀先人的本质，而革新了缅怀的具体形式，不仅赋予了清明节新的内涵，革新了活动方式，而且可以使社区居民通过回顾先人的行事和教诲，提炼、总结自家的家训和家风，从自发走向自觉，还可以借鉴别人治家的经验，增进和邻里的沟通和交流，密切和社区其他居民的联系。这样使一个又一个家庭乃至整个社区的面貌和风气得以改观，既具有移风易俗、形成新的节日习俗的意义，也是传统节日在新的时代背景下经过创造性转化和创新性发展，吸引更广泛的认同，从而重振传统节日的生动案例。

此后每次主题活动，街道都会邀请各种学科的专家参与，如北京市文史研究馆馆员、国家非物质文化遗产保护工作专家委员会委员、著名民俗专家赵书，北京民俗学会会长、北京市非物质文化遗产保护专家委员会委员、著

名民俗专家高巍，北京师范大学教育学部教授、国学经典教育研究中心主任、教育史专家徐勇等，都曾受邀参加活动并发表演讲。他们或者是讲解清明节的历史人文内涵，或者是说明家训和家风建设的意义，或者是对已有的家训进行点评，或者是针对某次活动发表感言。这些演讲和点评，深化了居民们的认识，也一定程度地廓清、明晰了领导干部们的思路。

2015年10月，在北京市社会科学界联合会的支持下，东城区委宣传部、东四街道委托北京师范大学国学经典教育研究中心在东四地区开展“家训堂”课题研究，以总结东四街道持续了八年之久的“忆家训、谈家风、促和谐”活动的经验和特点，提炼一套易操作、可复制、能推广的模式，并在此基础上编写《家训》一书。课题的根本宗旨是要挖掘传统家训和家风资源，结合东四街道家训和家风传承的实际，探索在城市社区如何有效地培育和践行社会主义核心价值观的方法和途径。在反复探讨的基础上，确定课题要角度小、切入深，以解剖麻雀的形式进行深入研究。通过深入研究东四街道这么一个“点”，总结提炼基层的做法和经验，上升到理论高度，为推动全市乃至全国社会主义核心价值观传承这个“面”上的工作提供参考和借鉴。

《家训》分为修身、齐家两大板块，其中修身分为崇德、立志、勉学、诚实、律己、宽容、守信、知足八个主题，齐家则分为持家、家和、崇礼、睦邻、勤劳、节俭、敬业、慎交、助人、教子十个主题。主题的确定，一是要结合东四街道的实情，通过调研，发掘东四街道居民最看重的美德，以体现东四地区的性格和气质，二是以中国传统的家训资源为基础，提炼传统家训中说得最多、又契合现今社会需要的内容。在每个主题下，均设置四个模块。一是家训格言：围绕主题，选择历史上流传广、影响大、属于家训的格言警句。每个主题下，尽可能收录东四街道居民的家训。二是家风故事：一般会收录一个古代的家风故事，一个东四街道居民的家风故事。通过形象、生动、切近的故事，引发读者的阅读兴味。家训格言和家风故事之所以兼收古今，是为了体现古今家训的相通之处，反映它们传承和发展的关系，以收相得益彰之效。三是拓展阅读：或者是一首诗歌，或者是一些格言警句，进一步烘托主题，提供更多样化和更加丰富的阅读内容。四是专家点评：根据传统家训的内容，结合东四街道的实际，通过点评说明传统家训资源在经过创造性转化和创新性发展后的价值，探索传统文化资源在当代继承和发展的途径。家训格言是全书的主体和灵魂，家风故事和拓展阅读起辅助作用，专家点评则具有总结、提炼和深化的意义。北京师范大学国学经典教育研究中心团队的调研工作和《家训》一书的编辑出版，既是对东四街道前十年家训和家风建设的总结，也必将会在今后将这一活动更进一步引向广泛和深入。

北京市东城区东四街道面向社区居民，在清明节开展“忆家训、谈家风、促和谐”主题教育活动已近十年，其间积累了诸多值得总结的经验和可供借鉴的做法。总结包括东四街道这样先行者的经验，提炼其模式，推广其做法，是现今家训和家风研究的重要课题。因为它不仅具有事关传统文化创造性转化和创新性发展的学术价值，而且具有在现代城市社区如何培育和践行社会主义核心价值观的现实意义。

目录
contents

上篇 修身

下篇 齐家

上篇

修身

崇德

“德”指的是人的德性、德行，“崇德”就是人要尊崇德性，敬重德行，自觉地把自己的言行纳入道德的规范之中。言论体现德性，行动合乎德行，这是为人的根本，自古以来就受到社会的一致推崇。比如，《大学》中有“富润屋，德润身”的说法，《新语》中则有“积德之家，必无灾殃”的说法，其他如“亡德而富贵，谓之不幸”“惟贤惟德，能服于人”“士有百行，以德为首”“不患位之不尊，而患德之不崇”等不一而足。由此可见，我们的传统文化对德性的尊礼，对德行的推崇。用最通俗的说法，崇德就是要“做好人”。而且，做好人不是一时，更不是一事，而是永远没有尽头，永远在路上，这就是所谓“有德者犹不足”。“有德者犹不足”，是一种修养，是一种风度，也是一种大智慧。

【家训格言】

德无常师，主善为师。

大意：德没有不变的榜样，以善为准则就是榜样。

——《尚书·咸有一德》

非天私我有商，惟天佑于一德；非商求于下民，惟民归于一德。德惟一，动罔不吉；德二三，动罔不凶。惟吉凶不僭，在人；惟天降灾祥，在德。

大意：这不是上天偏爱袒护我们商朝，而是上天保佑帮助纯德的人；不是商朝求请于民，而是人民归向纯德的人。德纯一，行动起来就无往不利；德不纯一，行动起来就无不凶险。吉和凶不出差错，虽然在人；上天降灾降福，却在于德啊！

——《尚书·咸有一德》

德厚者流光，德薄者流卑。

大意：仁德至厚的人流芳后世，德行浅薄的人传福不厚。

——《榖梁传》僖公十五年

天道无亲，唯德是与。

——［隋］杨坚《诫太子勇》

人家子弟，惟可使觌德，不可使觌利。

——［南宋］家颐《教子语》

位之得不得在天，德之修不修在我。毋弃其在我者，毋强其在天者。

——［明］袁衷等《庭帏杂录》

天薄我以福，吾厚吾德以迓之；天劳我以形，吾逸吾心以补之；人厄我以运，吾享吾道以通之。

——［明］洪应明《菜根谭》

富以能施为德，贫以无求为德；贵以下人为德，贱以忘势为德。

古今来许多世家，无非积德；天地间第一人品，还是读书。

——［清］金缨《格言联璧》

有德者，年虽下于我，我必尊之。

——东四街道二条社区戴伟

给孩子留德，才是留给孩子的真正财富。

——东四街道七条社区杨波

修身如执玉，种德胜遗金。

——东四街道豆瓣社区翟雅荣

人格的完善是本，财富的确立是末。

——东四街道总院社区叶宝娣

宽厚、诚实、善待人，留好榜样给儿孙。

——东四街道南门仓社区赵淑凤

只有按道德行事，生活才有美和快乐。

——东四街道豆瓣社区刘文秀

行得正，走得直，身正不怕影子斜。

——东四街道豆瓣社区田玉兰

重道德修养，严情操品性；扶正义，斥邪恶。

——东四街道八条社区樊潞颖

莫说良心不值钱，天灾空难与翻船，有人丧命有人活，鬼使神差有因缘。

——东四街道六条社区李淑慧

家训故事

老子像

老子：有德者犹不足

战国初期，思想家杨朱南去沛邑，听说老子去秦国游历，将经过这里。他便到郊外的大路边迎候，接到老子后，两人同行。走到半路，老子仰天长叹，对杨朱说："原先我还以为你是可以教诲的，现在才知道你是愚不可教也。"杨朱听了，什么也没说。

到了客栈，杨朱给老子送去毛巾、梳子等用具，然后把鞋脱在门外，膝行向前，问道："刚才先生说：'原来我还以为你是可以教诲的，现在才知道你愚不可教。'学生想请教这句话是什么意思。因为路上没有空闲，所以没敢问；现在先生有空了，您能不能告诉我错在哪里？"

老子说："你昂首阔步，目中无人，一副不可一世的样子，谁愿意与你相处呢？你要记住，最洁白的东西好像有些污黑，最有道德的人好像道德不足。"

杨朱听后，惭愧地说："感谢您的教诲。"

从此以后，杨朱仿佛变了个人似的，对人非常谦恭。当初，他到沛地时，客栈的主人对他远近接送，吃饭时老板在一旁亲自侍候，洗漱时老板娘亲自递送梳洗用具，先坐在座席上的客人为他让座位，烤火取暖的人也主动为他让出灶口。在他离开沛地时，竟然有客人敢与他争座位了。这并不是杨朱不值得尊敬了，而是他虚己盈人的美德使然。相处日久，人们觉得他平易近人、亲切有味而不是不可接近了。

孙茂芳：牢记母亲的遗训

"当代雷锋"孙茂芳的事迹，早已传遍神州大地。回顾自己的经历，老孙说：母亲的遗训"做好人"三个字，影响了我一辈子。

1942 年 10 月，孙茂芳出生于浙江宁波象山东陈乡一个叫西山的小村子，家境贫寒。当时，宁波已被日军侵占。为开采象山茅洋的碲矿，日军设立了"华中矿业公司"，从全国各地征运来大批劳工和战俘，逼迫他们干活。孙茂芳的父亲，就是这样一个被日本奴役、压榨的劳工。在毫无防备的情况下，他父亲被日军用铁锹打坏了腰。孙茂芳五岁那年的大年三十，一个姐姐活活饿死了。因为没有钱买棺材，父亲找来一些破旧的木板，钉成一个简陋的盒子，埋葬了女儿。

1947 年 7 月，象山解放。孙茂芳的父亲当上了村农会副主任，他既要组织土地改革，配合解放军剿匪，又要严防敌人搞破坏，还要帮助有困难的乡亲们，白天黑夜不停地忙。父亲忙得顾不上回家吃饭的时候，母亲就让七岁的孙茂芳给父亲送饭。他常常看见父亲在穷人家进进出出，为这家锄地、收庄稼，为那家垒墙、修房子。分田地的运动结束了，别人家分了好多牲畜、农具、家具，孙家却只分了一张旧棕床和一个木盆。“咱们家怎么分得这么少啊？”孙茂芳不明白。父亲说：“我是农会干部，乡亲们信任我，让我管事，哪能给自己多分啊。”

孙茂芳的母亲，也是村里出了名的大善人，即使家里穷得揭不开锅，宁可自己饿着，也要把刚到手的粮食分给别人吃。新碾的稻米，第一碗给人送去；新蒸的馒头，第一笼也要给人送去，这样七七八八分下来，自己留的就很少了。家里人口多，孩子小，母亲面对大家的不理解，总是说：“正是因为我们大家都穷，所以才要互相帮助，我们以前也曾吃过人家的饭。”孙茂芳八岁那年，奄奄一息的母亲拉着他的手，说了最后一句话：“儿啊，要做个好人。”从此，“做好人”三个字，深深地烙印在孙茂芳的脑海里，成为影响他一辈子的处世箴言。

尽管生活困难，但从小懂事、上进的孙茂芳，考上了象山第二中学。他一边刻苦学习，一边帮助附近的农民耕种收割、砍柴做饭。由于表现突出，他被评为全校勤工俭学积极分子，代表全校同学去杭州参加浙江省勤工俭学积极分子代表大会。乡下少年头次进省城，班里同学也很兴奋，帮他挑衣服。挑来挑去，也没一件像样的衣服。一个同学把平时自己舍不得穿的中山装给他穿，大家还你一分、我两分地给他凑了一堆零花钱，一共一块两毛八。那年头，同学们家里都很困难，谁家也不给孩子零花钱，这些钱是同学们从自己的牙缝里挤出来的。孙茂芳感到一股强大的暖流，他深刻地体会到：“一个人在困难的时候，有人伸手帮一把，是一种多么大的安慰！”母亲临终前的“做好人”三个字，在他的脑海里又烙下了更深的印记。

从 1964 年底当兵入伍，从士兵到领导的 50 年间，孙茂芳始终按照母亲的临终嘱托，坚持“做好人”。数十年间，他做的好事数不胜数。1970 年，他调到北京军区总医院后，由于医院工作的特殊性，孙茂芳接触到了很多贫病的家庭，这使他开始了扶贫帮困的公益行动。40 多年来，他赡养了 29 名孤寡、病残老人，资助38名特困学生，从自己工资中拿出48万元济困，以自己实实在在的行动，温暖着弱势群体，践行着社会主义道德和中华美德。孙茂芳两次获得全国道德模范提名奖，两次获得中华慈善奖，中宣部、全国老龄委、民政部两次授予孙茂芳“全国敬老之星”和“全国敬老楷模”称号。他的事迹被媒体广泛报道，被人们亲切地称为“京城活雷锋”。2013年，孙茂芳被评为第四届全国道德模范。2014年，被授予“当代雷锋”光荣称号。

在50年的学雷锋道路上，孙茂芳的妻子是他做好人、做好事的坚强后盾和忠实追随者。孙茂芳照顾的老人想吃什么，妻子总是第一时间去买来做好后送去；社区组织为灾区捐款捐物，送得最早最多最新的就是她了，而她自己穿的，仍是洗得发白的旧衣裳；每年除夕，总是会在家里烧一大桌子菜，带着孩子和孤寡老人一起过年……

孙茂芳的女儿、儿子也从小跟着父母学雷锋、做好事。姐弟俩把父母给的零花钱都存了起来，舍不得花。每年孤寡老人的生日蛋糕，几乎都是孩子们买的。过年包饺子，姐弟俩抢着把煮好的饺子给老人送去。儿子孙盛每天放学回家，第一件事就是去给高奶奶生炉子、倒炉灰，一次发现老人家只有一个灯泡，他就用自己的钱买了两个备用灯泡。他还跟父亲学会了使用按摩器，每天晚上去给老人治疗关节炎……

有人问起孙茂芳的家庭状况，他总是乐呵呵地向人介绍：老伴儿是他学雷锋的助理，学金融的女儿是他学雷锋的会计，儿子是他学雷锋的秘书，负责电脑打字与网络沟通。这个既简单平实又其乐融融的家庭，幸福的秘诀就是那三个字——“做好人”。

【扩展阅读】

寄弟衮

［北宋］陈襄

人不患无位，患己德不修。
古人亦有言，富贵焉可求？

警世歌（选）

［明］李晋德

慈能致福，暴足来殃。
与其为恶，盍莫向善？
积恩则昌，积怨则亡。
丧心者无后，失德者不昌。

增广贤文（选）

佚名

人恶人怕天不怕，人善人欺天不欺。
善恶到头终有报，只争来早与来迟。

百字铭

［明］申文定公

欲寡精神爽，思多血气衰。
少杯不乱性，忍气免伤财。
贵自勤中得，富从俭里来。
温柔终益己，强暴必招灾。
善处真君子，刁唆是祸胎。
暗中休使箭，乖里放些呆。
养性须修善，欺心莫吃斋。
衙门休出入，乡党要和谐。
安分身无辱，闲非口莫开。
世人依此语，灾退福星来。

立志

“志者，心之所之。”所谓志，就是目标、愿望和理想。立志，人生才有前进的方向。志不立，人生就没有明确的目标，生活就可能庸庸碌碌、不知所以；志不立，人生就缺乏持久的动力，就可能稍挫即败；志不立，或者志向不够高远，人就可能庸俗，缺乏高尚的趣味。所以，苏轼说：“古之立大事者，不惟有超世之才，亦必有坚忍不拔之志。”志向引导才能的发挥，才能促成志向的达成。想要做一番事业留存于世者，不可不重立志、立大志。

【家训格言】

三军可以夺帅，匹夫不可夺志也。

——《论语》

人之进道，惟问其志。

——［东汉］孔臧《与子琳书》

勿以薄而志不壮，贫而行不高。

——［三国］司马徽《诫子书》

夫志当存高远，慕先贤、绝情欲、弃疑滞，使庶几之志，揭然有所存，恻然有所感。忍屈伸、去细碎、广咨问、除嫌吝，虽有淹留，何损于美趣，何患于不济?

——［三国］诸葛亮《诫外甥书》

人无志，非人也。

——［三国］嵇康《家诫》

有志方有智，有智方有志。

——［明］汤显祖《智志咏示子》

贫不足羞，可羞是贫而无志；贱不足恶，可恶是贱而无能；老不足叹，可叹是老而虚生；死不足悲，可悲是死而无补。

——［明］吕坤《呻吟语摘》卷上

读书明理者，以养志为先。

——［清］于成龙《治家规范》

百学需先立志。

——东四街道八条社区井辉

人无志不立，鸟无翅不飞。

——东四街道七条社区司亚平、田野

读书志在圣贤，非徒科第；为官心存君国，岂计身家?

——东四街道六条社区杨泯

生活好比旅行，理想是旅行的路线。

——东四街道豆瓣社区杨书兰

世上最重要的事，不在于我们在何处，而在于我们朝什么方向走。

——东四街道总院社区叶长英

有志者，事竟成。

——东四街道七条社区赵烨

有信心不一定能赢，没信心必定会输。

——东四街道六条社区刘玷

岁月催人老，发奋要赶早。

——东四街道南门仓社区张玉琴、王玉英

家训故事

关之彦：有志者，事竟成

77 岁的关之彦，是豆瓣社区的一名退休教师。他一生恪守“有志者，事竟成”的家训，为了实现高远的志向，他兢兢业业地努力工作，克服了人生道路上一个又一个的困难。

20 世纪 50 年代，响应党的“到农村去，到边疆去，到祖国最需要的地方去”的号召，学电报通信专业的关之彦，怀着报效祖国的理想，刚毕业就踏上了开往祖国大西北西宁市的列车，成为青海省邮电管理局电信科的一名科员。

1949 年以后的青海发展很快，内地大量人才的进入，使青海的电报业务量猛增。由于电报严重积压，出现了加急电报比挂号信还慢的被动局面，汇款超一个月还收不到，就连新华社记者采写的新闻，也由于发不出去而变成旧闻。手敲电键的人工莫尔斯电报已不适应发展需要，开通无线电报快机电路势在必行。

关之彦一到岗，局里马上任命他负责开通玉树到西宁的快机电路。这是一项艰巨的任务：一是刚刚毕业，还没有任何工作经验；二是快机电路属于比较新的技术，机器调试比较复杂；三是不仅路途远，而且途中可能遇到叛匪的袭击，因而存在生命危险。当时，青海还不稳定，一些藏族同胞受反动头目蒙蔽和胁迫，对抗中央政府。面对危险和困难，关之彦没有畏惧和退缩。他想：有志者，事竟成；困难再大，危险再多，也一定要完成任务。

为了途中安全，小组每人发了一把手枪和50发子弹，但严格规定：只能自卫，不能反击，只许朝天放枪，不许击毙叛匪。途中，车队果然遇到袭击，小组人员一边开枪警告，一边加速通过，前面货车的车灯被子弹打碎，车门也被击中，好在没有人员伤亡。到玉树后，很快传来叛乱被平息的消息。原来，鉴于叛匪把“只能自卫，不能反击”当成软弱可欺，杀害地方领导干部、破坏驻军电台的种种情况，中央下令平叛，最后只有极少数叛匪狼狈逃窜。

到达玉树，关之彦得知驻军电台被毁，工程师也牺牲了，驻军与西宁失去了联系。因而，他的首要任务便是全力帮助军队修好电台。次日清晨，六位战士来邮电局接关之彦去驻军大院，眼看只有十几米的路程就进入大院了，谁知，突然又有叛匪从背后开枪。战士们赶紧把关之彦围在中间，两位战士用身体挡住子弹而倒下了，另外四位战士边还击边把他护送进了大院。然而，为保卫关之彦，两位年轻的藏族战士牺牲了，这更激起了他的斗志，一定要抓紧修复电台，以保证国家的稳定团结，人民的生命财产安全。

在随后的两天里，关之彦全力以赴，昼夜不息，终于克服重重困难，使军队与西宁恢复了联系。随后，他不顾疲劳，继续奋斗，在报务员和机务员的配合下，将机器安装调试好，顺利地开通了玉树到西宁的无线电报快机电路。

回到北京后，关之彦在东直门中学当上了一名物理教师。工作中，他严于律己、尽职尽责，工作出色。本应60岁退休的他，在校长的一再挽留下，继续担任初三毕业班的教学工作，直到65岁。退休后，他又带了三个徒弟，指导他们教学。

退休后的关之彦，仍然坚信“有志者，事竟成”，勇于面对新的困难，不断尝试新的任务。2003年，他接到一项任务——给社区全体党员讲党课，内容是宣讲党的十八大主题。一开始，他想拒绝，因为虽然当了几十年的老师，但讲得最多的是物理课，为解燃眉之急，还代讲过数学课，可从来没讲过党课，心里真是没底。但转念一想，这是组织交给的任务，是对自己的信任，怎能因为没讲过、不会讲，就拒绝接受任务呢？再说，讲好讲坏是水平问题，讲或不讲是态度问题。于是，他答应下来了，并开始认认真真地做准备。为了讲好课，他还特地找到东直门中学党委办公室主任何国章，向他学习，听取他的建议。然后，再参考多种资料，并结合自身体会，花了三个半天，才把5000字的稿子写下来。讲稿既没有原文照抄，更没有照本宣科。在上课的45分钟时间里，他给大家上了一堂生动的党课，获得了热烈的掌声。后来，他又给社区党员讲学《践行社会主义核心价值观》的体会，针对钓鱼岛问题的《日本投降69年了》的专题发言，都收到很好的效果。

秉持“有志者，事竟成”的理念，年已古稀的关之彦不断地尝试和完成新的任务——写评论文章。这又是没有写过的，但经过自学，他按时如数上交党委12篇文章。他还改编了歌曲《社会主义好》的内容，现在社区正排练合唱呢。

回顾自己一生的经历，关之彦感慨：很多事情，我们以为自己完不成，但只要有了“有志者，事竟成”的决心，努力尝试，认真学习，专心致志，你会发现自己不但能完成，还能完成得很好。

【扩展阅读】

神童诗（选）

［宋］汪洙

天子重英豪，文章教尔曹。
万般皆下品，惟有读书高。
少小须勤学，文章可立身。
满朝朱紫贵，尽是读书人。
学问勤中得，萤窗万卷书。
三冬今足用，谁笑腹空虚。
自小多才学，平生志气高。
别人怀宝剑，我有笔如刀。
朝为田舍郎，暮登天子堂。
将相本无种，男儿当自强。
学乃身之宝，儒为席上珍。
君看为宰相，必用读书人。
莫道儒冠误，诗书不负人。
达而相天下，穷则善其身。
遗子满嬴金，何如教一经。
姓名书锦轴，朱紫佐朝廷。
古有千文义，须知学后通。
圣贤俱间出，以此发蒙童。
神童衫子短，袖大惹春风。
未去朝天子，先来谒相公。
大比因时举，乡书以类升。
名题仙桂籍，天府快先登。
喜中青钱选，才高压众英。
萤窗新脱迹，雁塔早题名。
年少初登第，皇都得意回。
禹门三汲浪，平地一声雷。
一举登科日，双亲未老时。
锦衣归故里，端的是男儿。
玉殿传金榜，君恩赐状头。
英雄三百辈，随我步瀛洲。
慷慨丈夫志，生当忠孝门。
为官须作相，及第必争先。
宫殿岩峣耸，街衢竞物华。
风云今际会，千古帝王家。
日月光天德，山河壮帝居。
太平无以报，愿上万言书。
久旱逢甘霖，他乡遇故知。
洞房花烛夜，金榜题名时。

书扇示正宪

［明］王守仁

如树不植根，暂荣终必瘁。植根可如何？愿汝且立志。

示儿长语

［清］潘德舆

做人先立志，立志乃根基。
人无向上志，念念入途泥。

勉学

“人非生而知之，生而能之；皆是学而知之，学而能之。” 天地之间，没有什么生而知之的人，后天的学习，才是获得知识的唯一途径。在这个问题上，即便是所谓的“圣人”也不例外。如果“圣人”是可以生而知之的，那孔子何必说自己“十有五而志乎学”，而且“学而不厌”呢？“圣人”尚且不能“生而知之”，那无论是泛泛的“智能之士”，还是凡夫俗子，就更是“不学不成，不问不知”。正因为如此，汉代的王充说：“人才有高下，知物由学。”即要想了解事物、知道事情、懂得事理，学习才是唯一的途径。无论名人、伟人，还是普通百姓，都是如此。

中华传统文化特别注重“学”及其意义。《论语》开篇就表明，学习是一件快乐的事情，是人生的一种享受。曾子也说“君子爱日以学”，荀子则说“学不可以已”，学习被看作是一个人终身的使命。周秦两汉六朝诸子，则不乏《劝学》《勉学》《勖学》《赞学》的篇什。身处知识日新月异的信息时代，我们更应珍惜时光，爱日以学，养成良好的学习习惯，学会学习，终身学习，广采博收，厚积深累，以开阔眼界，恢弘器识，优化素质，增长本领。

【家训格言】

玉不琢，不成器；人不学，不知道。

——《礼记·学记》

虽有佳肴，弗食，不知其旨也；虽有至道，弗学，不知其善也。

——《礼记·学记》

人之能为人，由腹有诗书。

——［唐］韩愈《符读书城南》

不患人不知，惟患学不至。

——［宋］范质《诫儿侄八百字》

大志非才不就，大才非学不成。

——［明］郑晓《训子语》

多读书则气清，气清则神正，神正则吉祥出焉。

——［明］吴麟征《家诫要言》

君子有三可惜：此生不学，一可惜；此日闲过，二可惜；此身一败，三可惜。

——［清］祝邦基《裕后格言·训子孙》

诗书不可不读，礼义不可不知。

——东四街道二条社区孟养玲

活到老，学到老，闭门造车不算巧。

——东四街道二条社区张淑凤

欲高门第须为善，要好儿孙必读书。

——东四街道二条社区李彩铃

刀不磨要生锈，人不学要落后。

——东四街道二条社区吴炳光

金山银山，不如书山；吃好穿好，不如书读好。

——东四街道南门仓社区赵淑凤

勇于求知的人，决不至于空闲无事。

——东四街道南门仓社区丁秋萍

书到用时方恨少，切莫到老空自叹。

——东四街道南门仓社区王金莲

家训故事

匡衡像

匡衡：凿壁偷光苦读书

中国古代有很多勤学的故事，一些贫困家庭的子弟，往往克服各种困难，坚持读书。汉代的匡衡，就是其中的一个典型。

匡衡小时候就非常喜欢读书，可是他家世代务农，家境贫寒，买不起蜡烛。一到晚上，就没有办法看书，他常为此事发愁。这天晚上，匡衡无意中发现自家的墙壁似乎有一些亮光。他起床一看，原来是墙壁裂了缝，邻居家的烛火从裂缝处透了过来。匡衡看后，立刻想出了一个办法。他找来一把凿子，将墙壁裂缝处凿出一个小孔。立刻，一道烛光射了过来。匡衡就着这道烛光，认真地看起书来。以后的每天晚上，匡衡都要靠着墙壁，借着邻居的烛光读书。

同乡有户人家，是个有钱的人，家中有很多书。匡衡提出到他家去做工，但不要报酬。主人感到很奇怪，问他为什么这样。他说："我不想要工钱，只希望您能把家中的书都借给我读，我就心满意足了。"主人听了，被他那种勤奋好学的精神所深深感动，只要他想看的书，都借给他读。

经过孜孜不倦地勤奋学习，匡衡后来成了一名知识渊博的经学家，官至丞相。

曹宝鑫：学习要勤奋

八条社区的曹宝鑫，自小生长在潮白河畔的农村。潮白河，这是一条有着“北京莱茵河”之称的美丽河流。几十年来，潮白河两岸的变化，不仅巨大，而且令人惊喜。如今，曹宝鑫已鬓发染霜，但他对童年时代的很多趣事仍记忆犹新，尤其是祖辈立下的家训，他一直努力遵循，其中重要的一点是勤奋学习。

“书山有路勤为径，学海无涯苦作舟。”这句千古名言，是历代学子的座右铭。曹宝鑫五岁时，进村里私塾学习，读了三年书。启蒙书是《百家姓》、《千字文》、《三字经》、《弟子规》这几本，他背得滚瓜烂熟，但并不懂其中的意义。他的先生不给讲解，也不教授别的，只是让他们背诵。

不过，说起来曹宝鑫算是幸运的，因为除了私塾先生，家里还有一位老师，这就是他父亲。当年，他父亲在村里算是个文化人，不但是村干部，还是学校校长。父亲教他写毛笔字，教他打算盘。每天放学回家后，曹宝鑫要先在父亲面前背诵一遍书，然后父亲再开始教他磨墨。曹宝鑫至今还清楚地记得，父亲告诉他的研磨要领：砚台里放水要逐渐添；右手悬腕，攥住墨块朝一个方向在砚池里平磨；稀稠要以写出的字为准，墨稀了字会洇纸，墨稠了又会拉不开笔。父亲又教他拿毛笔的姿势和写字的方法：写字前，先要平心静气，稳定下情绪；站或坐要端正，笔杆对着鼻尖，手腕悬起；笔蘸墨要适量；横平竖直，起笔要稳，顿笔要用劲，收笔要准，笔画不准重描，要一气呵成。父亲拿起笔来给他做示范，并写了“一去二三里，烟村四五家，亭台六七座，八九十枝花”这 20 个字，让他每天写五遍。字要求大小写一致，笔画多少写一致。刚开始，年幼的曹宝鑫笔画掌握不准，字写得歪七扭八，像蜘蛛爬似的。父亲耐心地指出不足、需要改进的地方。经过两三年的训练，曹宝鑫写出的字渐渐像样了。这时，父亲买来各种字帖做教材，要曹宝鑫临摹，并将每年春节写对联的任务也交给了他。

父亲还教他打算盘。要熟练掌握这一运算工具，首先是学口诀。每天晚上，父亲教他乘法口诀，学会后要背诵，先正着背，后倒着背，从一到九，背得不许打磕巴。随后要学的是珠。算盘上边是两粒，下边是五粒；上边是十位，下边是个位。然后是练手法。五个手指要一齐动，轻巧地拨动珠子，逢十进位。先学加减法，后学乘除法。要手到、眼到、口到，不准念错一个数字，不准打乱一个珠子。学习时要由慢到快，必须每天练习，噼里啪啦地由一加到九十九，再倒退减下来，直到一为止。后来，父亲又教他学“斤称留法”，因为当时使用的度量衡是 16 两为 1 斤，从 1 至 16 有一口诀，要求背得干脆利落，买卖东西的时候才会算账。

儿时的这些学习经历，对曹宝鑫来说，现在想来真是苦中有乐，充满了甜蜜。后来，由于母亲因病去世，曹宝鑫中学都没有读完，就离开了顺义家乡。1952 年，他进京参加工作。虽然文化水平很低，但是曹宝鑫坚持读完职工夜大，并于 1964 年参加了中国共产党。他本着先辈的教诲，积极做事，勤奋学习，诚实做人。曹宝鑫一生都在从事媒体宣传工作，默默地奉献自己的一份力量。退休后，曹宝鑫心想：活到老，学到老，学习永无止境；岗位退休了，思想境界不能退休。于是，他又去东城区老年大学学习。他说：“我要继续学习，给儿孙做个好榜样。”

【扩展阅读】

勤学

［唐］孟郊

击石乃有火，不击元无烟。
人学始知道，不学非自然。
万事须有运，他得非我贤。
青春须早为，岂能长少年？

符读书城南

［唐］韩愈

木之就规矩，在梓匠轮舆。
人之能为人，由腹有诗书。
诗书勤乃有，不勤腹空虚。
欲知学之力，贤愚同一初。
由其不能学，所入遂异闾。
两家各生子，提孩巧相如。
少长聚嬉戏，不殊同队鱼。
年至十二三，头角稍相疏。
二十渐乖张，清沟映污渠。
三十骨骼成，乃一龙一猪。
飞黄腾踏去，不能顾蟾蜍。
一为马前卒，鞭背生虫蛆。
一为公与相，潭潭府中居。
问之何因尔，学与不学欤。
金璧虽重宝，费用难贮储。
学问藏之身，身在则有馀。
君子与小人，不系父母且。
不见公与相，起身自犁锄。
不见三公后，寒饥出无驴。
文章岂不贵，经训乃菑畲。
潢潦无根源，朝满夕已除。
人不通古今，马牛而襟裾。
行身陷不义，况望多名誉。
时秋积雨霁，新凉入郊墟。
灯火稍可亲，简编可卷舒。
岂不旦夕念，为尔惜居诸。
恩义有相夺，作诗劝踌躇。

送弟

［唐］卢肇

去日家无担石储，汝须勤苦事樵渔。
古人尽向尘中远，白日耕田夜读书。

劝学文

［宋］宋仁宗

朕观无学人，无物堪比伦。
若比于草木，草有灵芝木有椿。
若比于禽兽，禽有鸾凤兽有麟。
若比于粪土，粪滋五谷土养民。
世间无限物，无比无学人。

劝学

［宋］宋徽宗

学也好，不学不好。
学者如禾如稻，不学者如蒿如草。
如禾如稻兮，国之精粮，世之大宝。
如蒿如草兮，耕者憎嫌，锄者烦恼。
他日面墙，悔之已老。

六经示儿子

［宋］陆游

六经如日月，万世固长悬。

问

学不趁卑近，人谁非圣贤？
马能龙作友，蚋乃鴳为天。
我老空追悔，儿无弃壮年。

趁早歌（之一）

［明］陈其德

读书须趁早。
读书不趁早，后来徒悔懊。
精力本易衰，光阴如电扫。
见人享荣华，自己惟嗟老。

读书吟

（题）解学士

读书好，读书好，读得多书无价宝。
迢迢良夜不辞劳，咿唔之声直到晓。
勤用功，趁年少。
书卷熟寻思，经旨细论讨。
圣贤心学要推明，古今事业精研考。
莫厌经史烦，只恐工夫少。
一理内心融，万卷胸中饱。
信口吐珠玑，词源三峡倒。
满纸生云烟，笔阵千军扫。
读书好，人不晓。
名标金榜中，祖宗增荣耀。
身到凤凰池，恩荣直到老。
近天颜，瞻日表。
燮理古公孤，寅亮属师保。
朝中尽是读书人，世间只恨读书少。
堪叹纷纷游冶郎，端然不知读书好。

孝亲

“万恶淫为首，百行孝为先。”孝亲即孝顺父母，是中国传统社会最基本的道德规范。孔子明确提出“孝弟也者，其为仁之本”，将孝置于所有美德的核心地位；孟子进一步发展了孔子的思想，提出了“事孰为大，事亲为大”，把事亲看作人生最高的道德表现。此后，孝之观念继续演变，扩张到使人将世间一切事务、一切德行，莫不以孝为中心。《礼记》说：“夫孝，置之而塞乎天地，溥之而横乎四海，施诸后世而无朝夕。”《吕氏春秋》说：“夫孝，三皇五帝之本务，而万事之纲纪也。”《孝经》说：“夫孝，天之经，地之义，人之行也。”由此可见，孝为“仁之本”、立身之本、百善之首，无论长幼尊卑，无论王卿将相、黎民百姓，都是如此。汉文帝侍奉母亲，亲尝汤药；赵倩雯照顾老母，尽心尽力。他们的言行之所以打动人心，正是源于心中那份至纯至真的孝心。

【家训格言】

树欲静而风不止，子欲养而亲不待。

——［汉］韩婴《韩诗外传》

父不慈则子不孝，兄不友则弟不恭。

——［北齐］颜之推《颜氏家训》

无瑕之玉，可为国瑞；孝弟之子，可为家宝。

——［元］史弼《景行录》

孝道何尽，及时为贵。毋使亲年日短，而悔吾心之未尽；毋使子力日裕，而伤吾亲之不逮。

——［清］叶玉屏《六事箴言》

孝莫辞劳，转眼便为人父母；善勿望报，回头但看尔儿孙。

——［清］金缨《格言联壁》

父母所欲为者，我继述之；父母所重念者，我亲厚之。

——［清］金缨《格言联壁》

父母公婆一样敬，天赐孝子聚宝盆。

——东四街道八条社区柴淑敏

老猫房上睡，一辈传一辈。要想儿孝你，你先孝爹娘。教儿要趁早，胎教开始教。

——东四街道南门仓社区隋静

尊敬长辈，孝敬父母，说话和气，不许带脏字。

——东四街道六条社区胡月笙

孝敬父母要及时，不要等到“子欲养而亲不待”的时候。

——东四街道七条社区单纯

家训故事

汉文帝像

汉文帝：亲尝汤药

汉朝以孝治天下。当时的选官制度是察举制，而孝廉是最主要的察举科目，普通人想当官，只有通过举孝廉才有可能。皇帝作为全国之主，以身示范也应孝敬父母。所以，汉朝的皇帝，除西汉开国皇帝刘邦和东汉开国皇帝刘秀外，都以“孝”为谥号，如孝惠帝、孝文帝、孝武帝、孝昭帝，等等，表明了朝廷的政治追求和对“孝”的尊崇。

汉文帝刘恒是汉高祖的第四个儿子。刘恒的母亲薄姬，原来是项羽所封魏国王宫的宫女，在刘邦打败魏国后，将许多宫女选进自己的后宫，后来便和薄姬生了刘恒。虽然生了刘恒，但薄姬一直受到刘邦的冷落，地位一直是“姬”，没有升到“夫人”。虽然母亲不为父亲所宠信，但刘恒对母亲非常具有孝心。

公元前 180 年，刘恒继承帝位，这就是汉文帝。虽然当了皇帝，又一心有所作为，因而政事繁忙，但刘恒对母亲仍然孝敬有加。后来，薄太后得了病，卧床三年。刘恒常常在处理政事之余，亲自侍奉母亲，甚至目不交睫，衣不解带，倾心照顾。母亲所服的汤药，他一定亲口尝过，才放心让母亲服用。他的这份孝心，感动了很多人。“亲尝汤药”成为中国历史上著名的“二十四孝”故事之一。

汉文帝将孝心扩充为仁政，在位 24 年，重德治，兴礼仪，注意发展农业，使西汉社会稳定、人丁兴旺，经济得到恢复和发展。他与汉景帝的统治时期被誉为“文景之治”。

老翁以诗讽儿辈

清朝初年，苏州有一位老翁，很有学问，善于作诗。两个儿子在他的教导下，也成了当地有名的文学家。但老人家没有想到的是，随着他日渐衰老，两个儿子洋洋自得于周边人的称赞，竟然孝心日益淡薄，对父亲疏于赡养了。父亲没有责骂他们，仔细想了想，提笔在堂屋的墙壁上，用很大的字写了一首诗：

人生七十强支持，帘卷西风烛半枝。
传语儿孙好看待，眼前光景不多时。

两个儿子回来后，看到墙上的诗，感到非常愧疚，连忙向父亲表示忏悔，从此用心用意地奉养父亲安享天年。

赵倩雯：悉心照料老母亲

东四六条有一位“北京市孝星”赵倩雯，她悉心照顾老母亲的日常生活，看似平常，却处处渗透着爱心与孝心。

赵倩雯的母亲在 84 岁的时候，患上了老年痴呆。得病的初期，她也特别接受不了，但细细一想：母亲这一辈子养大七个儿女，老了还帮着儿女带孩子，容易吗？母亲娘家家境不错，从一名大家闺秀到七个儿女的母亲，其中经历了多少艰难、经受了多少苦辛呢？尽管孩子多，但母亲总是把孩子们打扮得干干净净、整整齐齐，并且把三个孩子培养成了大学生；母亲相夫教子，一家人生活得其乐融融。人们常说，十月胎恩重，三世报母轻。母亲在世的日子不会太多了，怎能不加倍对她好、孝顺她呢？

于是，赵倩雯非常珍惜母亲还健在的日子，经常到弟弟家去看望、照顾母亲，并细心感受、体味着母亲永远的爱意。她忘不了那样一件事：那是母亲患病两年后的一个下雨天，赵倩雯去看她，其实那个时候母亲有时也认不出她了，只知道是亲人，所以拉着她的胳膊，一再问外边是不是很凉，并用手去温暖她的胳膊。赵倩雯帮母亲洗完澡，换好衣服，看她吃完饭，准备回家，跟母亲说再见，却见母亲愣了一下，口中说别走别走，外边冷，穿一件长袖衣服再走。那一刻，赵倩雯泪流满面，因为她感受到了母爱的本能，母亲再糊涂，对待儿女的爱却永远不糊涂。

有一年母亲节，赵倩雯带母亲到一个饭馆吃早点，一边吃一边一勺一勺地喂母亲。这时，走过来一位大姐，对她说：“我看你喂你母亲吃饭好羡慕，我能喂一下吗？”赵倩雯一下子愣住了。大姐接着说：“我妈妈活着的时候，我从来没这么做过，让我好好感受一下吧。”就这样，那位大姐一边喂赵倩雯妈妈吃饭，一边流着眼泪。这一刻，赵倩雯从内心感到自己真幸福，有妈的感觉真好。

在母亲得病的几年里，赵倩雯和姐姐带着母亲，吃遍了京城最好的饭店餐厅，倾其所有，能想到的、能做到的都去做，去昆明湖荡舟，去景山公园看牡丹、郁金香……2010 年的 11 月，母亲突然卧床不起，家里人都知道这是老年痴呆症的后遗症。赵倩雯跑得更勤，经常去探望母亲，给母亲做爱吃的饭菜。喂饭是个艰难的过程，每次要用打碎机把饭打碎，然后把药片放到饭里，再一勺一勺地喂到母亲嘴里。随着病情的加重，慢慢地，母亲的腿也不能伸直。于是，赵倩雯白天上班，晚上经常过去给母亲按摩腿，幻想着有一天母亲还能站起来。看着母亲一天一天地瘦下去，赵倩雯每天坚持给她勤翻身，买来尿不湿，勤换，勤用热水擦身体，以免长褥疮，尽一切可能，让母亲过得舒服点。前年 3 月，母亲终于走了，享年 90 岁。

赵倩雯用她的行动，诠释了什么是“孝亲”。2011 年，她被评为“北京市孝星”。她对母亲的那份孝心，感动了身边很多人，并将继续感动更多的人。

【扩展阅读】

诗经·小雅·蓼莪

佚名

哀哀父母，生我劬劳。

……

无父何怙，无母何恃。
出则衔恤，入则靡至。
父兮生我，母兮鞠我。
拊我畜我，长我育我。
顾我复我，出入腹我。
欲报之德，昊天罔极。

游子吟

［唐］孟郊

慈母手中线，游子身上衣。
临行密密缝，意恐迟迟归。
谁言寸草心，报得三春晖。

送母回乡

［唐］李商隐

停车茫茫顾，困我成楚囚。
感伤从中起，悲泪哽在喉。
慈母方病重，欲将名医投。
车接今在急，天竟情不留。
母爱无所报，人生更何求。

岁暮到家

［清］蒋士铨

爱子心无尽，归家喜及辰。
寒衣针线密，家信墨痕新。
见面怜清瘦，呼儿问苦辛。
低徊愧人子，不敢叹风尘。

趁早歌（之二）

［明］陈其德

孝顺须趁早。

孝顺不趁早，高堂容易老。
甘旨尽吾欢，菽水承颜好。
一旦恨终天，珍馐总虚渺。

诚实

正如孟子所说：诚实是天地之大道，是自然的规律；追求诚信，是做人的根本原则；极端真诚而不能使别人感动，这是不曾有过的；不真诚，是不能感动别人的。真实无妄，诚实不欺，这是一种普遍的道德要求，是一个人的立身之本。“君子坦荡荡，小人长戚戚。”一个行得正、立得端的人，是完全可以做到言行一致、心口如一的；反过来，要想做到言行一致、心口如一、诚以待人，就必修加强自身修养，不该说的话不说，不该做的事不做。在诚信普遍缺失的当今社会，诚实的人可能一时吃亏，但绝不会长久吃亏；缺乏诚信的人可能一时得利，但最终必将害人害己。

【家训格言】

诚者，天之道也；思诚者，人之道也。至诚而不动者，未之有也；不诚，未有能动者也。

——《孟子·离娄上》

非诚贾不得食于贾，非诚工不得食于工，非诚农不得食于农，非诚士不得立于朝。

——《管子·乘马》

不精不诚，不能动人。

——《庄子·渔夫》

以一伪丧诚者，乃贪名不已故也。

——［北朝］颜之推《颜氏家训》

欲修其身者，先正其心；欲正其心者，先诚其意。

——［唐］韩愈《原道》

进学不诚则学杂，处事不诚则事败，自谋不诚则欺心而弃己，与人不诚则丧德而增怨。

——［宋］程颢、程颐《二程集·论学篇》

人之操履，无若诚实。

——［宋］朱熹《宋名臣言行录》

口不说欺心语，身不为欺心事，出无惭友朋，入无惭妻子，方可名学人。

——［元］吴桂森《训子》

修合无人见，存心有天知。

——同仁堂

做人要诚实，办事要踏实，说话要真实，待人要老实。

——东四街道二条社区郑毅

一生可以没有轰轰烈烈，但一定要实实在在。

——东四街道豆瓣社区方殿彩

做老实人，说老实话，办老实事。

——东四街道南门仓社区张桂雪

诚实是做人的基本准则。

——东四街道八条社区黄志强

家训故事

陶四翁：烧毁假紫草

宋朝的时候，有个开染布店的老板陶四翁，他为人诚实忠厚，做生意讲求信誉，在镇上有口皆碑。

有一天，有一个人推着一车染布用的原料紫草，来到陶四翁的染布店向他推销。陶四翁做人一贯忠厚诚实，而且刚好店里剩的紫草不多了，于是毫不怀疑，花了四百万钱，把那一车紫草全部买下了。不久，一个买布的商人来店里进货，看见了这些紫草，便告诉陶四翁：这些紫草是假的。陶四翁大吃一惊，还有些不相信。商人告诉陶四翁一些检查紫草的方法，陶四翁照商人所说的一试，果然是些假紫草。

陶四翁心里一时很有些着急，因为做的是小本买卖，手头并不宽裕。这位商人与陶四翁交往多年，看着他焦急的样子，忙安慰他："没关系，假紫草还是可以用来染布的，价钱便宜点卖就是了；你放心，卖布的事就交给我了。"

第二天，商人再来进货，陶四翁却没有一匹染布，他还当着那位商人的面，把那些假紫草全都烧了。因为经过反复思考后，陶四翁觉得，做人一定要诚实，经商更要诚实；宁可自己受损失，也不能欺骗顾客。

陶四翁对诚信的坚守，教育了他的后代，也成就了他的家业。他的子孙们也像他一样，诚实守信，童叟无欺，最后都成了大富商。

葛继第家：诚信友善，清白做人

八条社区的葛继第家，一直坚守着"诚信友善，清白做人"的家训。诚实守信，是中华民族的传统美德。过去在商界，有这样一句话："童叟无欺。"也就是说，即使是老年人和小孩子来买东西，也要保证质量，价钱合情合理，不能缺斤短两；只有讲诚信、讲道德，才能和气生财，这样的商铺才能兴旺。

葛继第和爱人姜希胜都是20世纪60年代的大学生。毕业后，葛继第成为一名中学教师，姜希胜在煤矿上做电力工程师。婚后，他们有了一个可爱的女儿。人们常说："家长是孩子的第一任教师。"因此，在紧张的工作之余，他们用心培养下一代，特别注意培养孩子诚实守信的美德。

在七八十年代，交通还不发达，在城里主要靠公共汽车。当时，车很少，乘车的人却总是很多，有时上车都成了一件很艰难的事情。有一次，他们两口子带孩子去公园玩，好不容易才挤上公交车，可是离售票员很远，而且根本没有办法挤过去，售票员一时也没过来，结果，没等买上票，他们却已经到站了。下了车，一同挤上车的人，有些趁机懒得买票，走了。这种时候，如果他们就这么离开，肯定也没什么问题，可这就是典型的逃票，是一种不诚实的行为。姜希胜赶紧把钱交给女儿，叫她走到车窗前去，把钱送到售票员手里。售票员看着已经下车的孩子伸过去的小手和手里的车票钱，诧异了一下，随后笑着将票递给孩子。这时，旁边一位阿姨说："都下车了，还叫孩子买什么票呀，走就得了。"姜希胜夫妇却夸奖了孩子，并说："坐车就得打票，不能逃票；要诚实做人，做个诚实的好孩子。"

父母亲的这种教育，深深地烙进了女儿的脑海。女儿有时和同学一起出去玩，如果在车上不能及时买到票，下车也一定要补上。有同学说她傻，都下车了还这么较真，偶尔遇到不理解的售票员，还会说两句不好听的话。但她就认这么个理：坐车就应该打票。就这样，诚信、友善、自律成为她人生的座右铭。同学们都喜欢和她做朋友。工作后，领导有什么工作交给她做，都觉得很放心，她的事业也蒸蒸日上。

现在，女儿也做妈妈了，为他们生了一个可爱的小外孙女，已经读小学了。已为人母的女儿，也非常注意对自己女儿的教育，经常教育孩子要做一个诚实的人。"十一"长假期间，全家人到海南度假。酒店是自助餐，每张餐券两个人，进门也没有人验票，服务员也没注意到多了个孩子。大家坐定后，女儿拿出20元钱，交给小外孙女，对她说："把钱交给服务员阿姨。"同桌的一位阿姨看见后说："孩子已经进来了，人家也没管，再说小孩能吃多少啊，何必再去补交钱？”女儿笑着说：“酒店有这规矩，孩子吃饭就应该给钱。”小外孙女拿着钱找到服务员阿姨交了钱。那位服务员接过钱，笑着说：“你真是个诚实的好孩子。”受到夸奖的外孙女美滋滋地跑回来了。

我们有理由相信，“诚信友善，清白做人”的家风，在这个家庭一定会一代又一代地传下去。

【扩展阅读】

中和乐九章·总歌第九

［唐］卢照邻

明明天子兮圣德扬，穆穆皇后兮阴化康。
登若木兮坐明堂，池濛汜兮家扶桑。
武化偃兮文化昌，礼乐昭兮股肱良。
君臣已定兮君永无疆，颜子更生兮徒皇皇。
若有人兮天一方，忠为衣兮信为裳。
餐白玉兮饮琼芳，心思荃兮路阻长。

天可度

［唐］白居易

天可度，地可量，唯有人心不可防。
但见丹诚赤如血，谁知伪言巧似簧。
劝君掩鼻君莫掩，使君夫妇为参商。
劝君掇蜂君莫掇，使君父子成豺狼。
海底鱼兮天上鸟，高可射兮深可钓。
唯有人心相对时，咫尺之间不能料。
君不见李义府之辈笑欣欣，
笑中有刀潜杀人。
阴阳神变皆可测，不测人间笑是瞋。

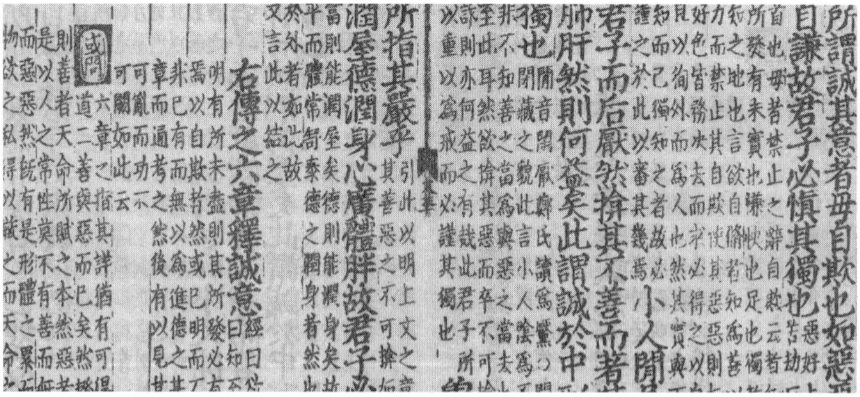

律己

律己，也可以称之为“克己”或“自律”，就是自觉地约束自己，克制自己不符合道德规范的思想、言行，而将自己的言行纳入正确的轨道。任何道德规范，对于个体来讲，首先是一种外在的要求。要使其真正发挥作用，长久发挥作用，必须将它转化为一种自律的积极行为，使内在要求和外在行为统一起来。特别是在显然不为别人所知的情况下，“不亏暗室”“不愧屋漏”的自律，就尤其必要。但这个过程是非常不容易的，需要严格要求自己，时刻省视自己的一言一行，及时、果断地调整自己的行为，特别需要形成一种较强的意志力、约束力。唯有长期地严于律己，才能道德日进，最终达到孔子所说的“从心所欲不逾矩”的自如境界。

【家训格言】

见贤思齐焉，见不贤而自内省也。

——《论语·里仁》

爱人不亲，反其仁；治人不治，反其智；礼人不答，反其敬。行有不得者，皆反求诸己，其身正而天下归之。

——《孟子·离娄上》

勿以捷径附权要，勿以贪黩损家声，勿以贵倨凌乡曲。

——［元］臧惟一《戒子弟》

起非分之思，开无谓之口，行无益之事，不如其已。

——［明］袁衷等《庭帏杂录》

富贵心要淡，权利心要轻，义气心不可太重，豪侠心不可轻露。

——［清］张清和《张氏家信择语》

谈笑不可近讥诮，应对不可斗针锋。

——［清］赵润生《庭训录》

犯味儿的不吃，犯法的不做。

——东四街道豆瓣社区老何记

发脾气是短暂的发疯。

——东四街道总院社区严琦

莫贪身外之物，莫饮过量之酒。

——东四街道六条社区孟艳雁、八条社区袁蕾

因事相争，焉知非我之不是，须平心再想。

——东四街道总院社区王莉

退一步海阔天空，让一让风平浪静。

——东四街道七条社区盛志华

欲人无闻，莫若勿言；欲人勿知，莫若勿为。

——东四街道八条社区姜希胜

静坐时常思己过，闲谈时莫论人非。

——东四街道豆瓣社区王艳珍

不受无功之禄，不取不义之财。

——东四街道南门仓社区陈永红

家训故事

杨震像

杨震：“四知”拒金，清白传家

东汉时期的杨震，少年时即勤奋好学，通晓经籍，博览群书；中年后从教，弟子众多，多成栋梁之材，人称“关西夫子”。但他一直不愿做官，直到 50 岁才步入仕途，先后担任过荆州刺史、东莱太守、太仆、太常、司徒、太尉等官职。

杨震做官，刚直不阿，勤勉清廉，从不接受私人的请托。在担任荆州太守的时候，他发现有个叫王密的人，很有才华，就推荐他做了昌邑县令。后来，杨震改任东莱太守，赴任途中经过昌邑。王密听说恩师来了，非常高兴，一心想报答老师对自己的知遇之恩，晚上特地到驿馆拜见杨震，并带去 10 锭黄金送给他。杨震对王密的这种行为很是生气，断然拒绝说：“故人知君，君不知故人，何也？”王密一时还没有明白杨震的责备之意，便说：“夜黑人静，没有人知道这事的。”杨震更是恼火，义正辞严地说：“天知、地知、你知、我知，怎么说没有人知道呢?！”王密这才明白过来，惭愧地告辞了。

杨震的家人也都生活俭朴，平时吃的是蔬菜粗食，外出徒步，从不乘坐杨震的车辆。他的一些老朋友或长辈，要他为子孙添置一点产业。杨震说：“让后世的人称他们是清白官吏的子孙，这不是更好的遗产吗？”

在杨震的教导下，他的子孙个个博学而清廉，五个儿子都以“清白吏”而誉满天下。特别是三子杨秉，自律极严，尤以“三不惑”即不饮酒、不贪财、不近色而闻名于世，被誉为“淳白”。据《后汉书·杨震列传》记载：自震至彪，四世太尉，德业相继，代代“能守家风，为世所贵”。

杨震及其子孙不愧为严于律己、清正廉明的楷模。

鄢华明：廉洁自律，不贪不占，做一个堂堂正正的人

总院社区的鄢华明是一名转业军人，现在的职业是警察。回顾自己的成长道路，他对父亲对自己的教诲感触极深。他父亲已经年过七旬，早年也当过几年兵，退伍后回家乡，当过二十几年民办教师，后来又搞过十几年会计。对儿子，父亲最爱唠叨几句话："人的品质不能坏""干什么都要对得起自己的良心""做事做人要堂堂正正"。这几句朴实的话语，成了影响、指导鄢华明成长的最好家训。

做一个堂堂正正的军人

1991 年 12 月，在父亲的鼓励下，鄢华明应征入伍，成为一名军人。在此后的 21 年军旅生涯里，父亲给他写了 252 封信。每当看见满满一整箱子的信，鄢华明感慨不已，因为每一封信，都蕴含着父亲对儿子的关爱、激励和告诫；每一封信，都为他的成长提供了滋养。

刚当兵的时候，鄢华明非常不适应。第一次远离父母亲人，思恋之情，经常使他晚上蒙上被子偷偷流泪；从湖北武汉来到首都北京，寒冷的气候，把手、脚、耳朵都冻坏了，一颗火热的心也似乎被冻结；严格单调的军事训练、枯燥乏味的军营生活，与想象中的部队有着天壤之别。他一度有了打退堂鼓的想法。就在这个时候，父亲给他写信了，以一个"过来人"的口气告诉他：离别的思恋每个人都会有，时间长了慢慢就习惯了；梅花香自苦寒来，只有吃得苦中苦，才可能苦尽甘来；千万别当"逃兵"，"逃兵"让世人唾弃，让乡邻鄙视，让亲朋好友不待见。父亲的来信，给了鄢华明冲向胜利终点的动力，也给了他战胜困苦的信心。新兵连顺利结束，鄢华明获得了嘉奖，被评为训练标兵。

当兵第三年，鄢华明参加了军校招生考试，以 3.5 分之差名落孙山。人生的又一个十字路口摆在了他面前，是退伍返乡，还是继续留队？就在徘徊犹豫之际，父亲又给他来信了，信中说："你当兵这几年，家乡政府对军属非常关心，每到节假日都到家里走访慰问，一人当兵，全家光荣。再说你还

有个兄弟，你要做他的榜样。”父亲的来信，犹如茫茫大海里的灯塔，让鄢华明看清了前行的路标。就这样，他超期服役了，第二年，又顺利地考上了军校。

军校毕业后，鄢华明先后当上了排长、连队副指导员、连队中队长、营教导员等，在部队发展比较顺利。这当中，仍然离不开父亲的谆谆教诲和告诫，使他时刻保持清醒的头脑，完满地完成了一项又一项上级交给的工作。

当排长时，鄢华明三次参加接兵，一次去的江苏，两次去的河南。由于年轻人参军入伍的热情很高，有些人甚至找关系、送礼品，想方设法入伍。因此，接兵在不少人眼里，是一件油水多的好差事。油水多，诱惑大，也就更容易出问题。父亲知道鄢华明要去外省市接兵时，马上写信过来，反复强调不要收受应征青年家长的钱物，不要到军人条令规定之外的娱乐场所去消费，时刻要自警，不要忘本。去河南洛阳的那一次，总共有 50 个新兵名额。那些天里，几乎天天有人找，1000 元、3000 元、5000 元地送礼，或者是来自各方面关系的电话、条子，那真是需要很强的“定力”才办得好事。他们走访过一个农家孩子，这明显是个非常穷困的家庭，住的还是土房。孩子素质挺不错的，按条件完全合格，但已成家的二姐一心想帮弟弟改变命运，凑了 5 万元，硬要送给鄢华明。这是个不小的诱惑，但父亲的教诲浮上了心头，鄢华明毫不犹豫地拒绝了。事后，他说：“如果接了这钱，良心上对不

起人啊！”

当鄢华明升为连队副指导员时，父亲又来信，提醒他要爱护自己的士兵，关心他们，给他们一种家的感觉，要明白士兵是连队建设的基石、“水能载舟亦能覆舟”的道理。当上连队中队长后，父亲来信教导：要想连队所想，急连队所急，当好参谋，搞好服务；不要忘事、落事，这是做人做事最好的检验平台，要好好珍惜。任营教导员期间，父亲的来信把中央“八条规定”都搬出来了，说什么“老虎苍蝇都要打”，一定要廉洁自律，不贪不占，做一个堂堂正正的军人。回顾21年的部队生活，鄢华明觉得，自己应该算是个堂堂正正的军人吧。

做一名堂堂正正的警察

2012年，鄢华明由部队转业，当了一名公安警察，工作地点是全国流动人口往来最密集的北京火车站。军装换警服，军队换公安战线，无论环境怎么变，鄢华明为祖国和人民认真工作的那颗心没有丝毫改变。作为人民警察，不仅需要忠诚、奉献、全心全意为人民服务，还要公正执法、清正廉洁、敢于吃苦、勇于拼搏。在警察岗位，他仍然牢记着父亲的教诲：廉洁自律，不贪不占，做一名堂堂正正的警察。

任何一个城市的火车站，都可以说是当地流动人口最集中、情况最复杂的地方。每天在这里执勤，一方面，要耐心、细心地做好服务工作，不间断地接受过往群众的问路、打听、找人等等小事，帮助来自各地、因各种不同原因而遇到困难的旅客；另一方面，还要保持高度警惕，严查犯罪分子，不放过一点可疑线索。当帮助了人后，充满感激之心的旅客，可能要以物质甚至金钱表示感谢；当查获一些违法人员，比如小偷、倒票的“黄牛党”时，这些人可能送烟、送酒甚至送钱来贿赂。每当遇到这类情况，父亲的教导马上浮上脑海，鄢华明总是毫不犹豫地拒绝，该帮人的照样帮人，该处罚、该抓人的按规定办事，遇到危险时，照样冲在最前面。他在心里时刻提醒自己：做一名堂堂正正的警察！

从当兵到现在，20 多年过去了，鄢华明在工作岗位上获得了不少荣誉：两次三等功、若干次部队嘉奖、优秀中队干部、优秀共产党员，等等。每当回顾往事，他说：“我心中从未忘记过父亲对我的教导——‘做一个堂堂正正的人’，这是我困难和彷徨时的精神食粮，是我前进路程中的明灯，是我内心踏实的磐石，也是我一生用之不尽的财富。”

【扩展阅读】

百忍歌

佚名

百忍歌，百忍歌，人生不忍待如何？
我今为尔歌百忍，尔当欢听笑呵呵。
朝也忍，暮也忍，饥寒劳苦也只忍。
耻也忍，辱也忍，方寸之间各自省。
道人何事未归来，浓云隔断须弥顶。
脚尖踢破一字关，万里西风吹月冷。
天风清，明月净，分明照破无为镜。
君不见大舜躬耕劳也忍，
孔子绝粮饿也忍。
闵子单衣寒也忍，韩信胯下辱也忍。
刘宽污衣怒也忍，不疑偿金耻也忍。
师德唾面羞也忍。
须学张公兄弟和，九世同居书百忍。

忍字箴

陈白沙

七情之发，惟怒为遽；
众怒之加，惟忍为是。
当怒火炎，以忍水制；
忍之又忍，愈忍愈厉。
过一百忍，为张公艺。
不乱大谋，乃其有济。
如其不忍，倾败立至。

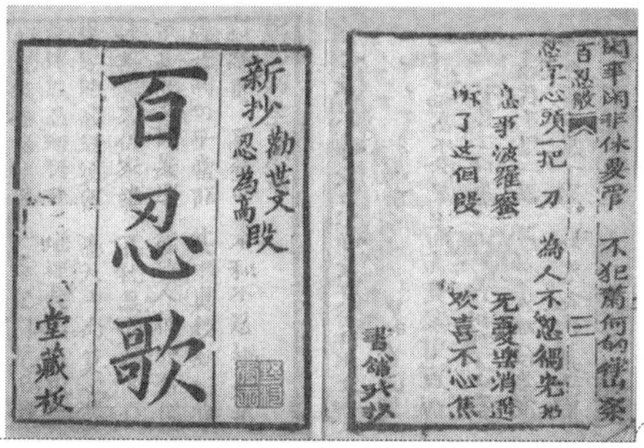

宽容

“大肚能容天下事，宽肠亦解世间愁。”待人大度、有气量、能容人、不小心眼、不斤斤计较，自古以来就是一种广为人称道的品质。“金无足赤，人无完人。”既如此，何不宽厚相待？宽容，看似示弱，看似退让，但其背后是如大海一样的胸怀，所以才能安然、坦然、欣然、怡然地接受一切，包容一切。所谓“将军臂上能跑马，宰相肚里能撑船”，有包容之心的人，才可能成就大事业。

【家训格言】

君子坦荡荡，小人长戚戚。

——《论语·述而》

坤厚载物，德合无疆，含弘光大，品物咸亨。

大意： 大地是那么深厚，能承载万物，品德广阔无疆。它包容广大，使一切事物都凭借它而通达成长。

——《周易·坤·彖辞》

器量须大，心境须宽。

——［明］吴麟征《家诫要言》

能忍事乃济，有容德乃大。

——［明］许相卿《许云村贻谋》

能下人，是有志。能容人，是大器。

——［明］庞尚鹏《庞氏家训》

处世让一步为高，退步即进步之根本；待人宽一分是福，利人实利己的根基。

——［明］洪应明《菜根谭》

勿以己之长而盖人；勿以己之善而形人；勿以己之多能而困人。收敛才智，若无若虚；见人过失，且涵容而掩覆之。

——［明］袁黄《了凡四训》

天下无难处之事，只要两个如之何；天下无难处之人，只须三个必自反。

——［清］钱德苍《解人颐》

天宽能容万物，海阔能纳百川，吾辈读书以天地民物为己任，尤不可不恢宏器宇也。

——［清］赵润生《庭训录》

天之高能覆，地之厚能载，德之大能容。

——［清］胡达源《治家良言汇编》

善莫大于恕，德莫凶于妒。

——［清］曾国藩《曾文正公家训》

吃亏是福。

——东四街道总院社区吴丽

心有多宽，富有多大。

——东四街道豆瓣社区马英

金无足赤，人无完人。

——东四街道豆瓣社区杨文祥

曲己从人，吃亏是福。

——东四街道南门仓社区石月

家训故事

蒋琬：宰相肚里能撑船

蒋琬像

三国时期蜀国人蒋琬，年少时好学，聪明过人，仪态轩昂，气度不凡。被诸葛亮视为“社稷之器”，“当与吾共赞王业者也”，一再向刘备、刘禅推荐。

蒋琬以“大容大量”为座右铭，并严于自律，躬身力行。公元234年，诸葛亮病逝，蒋琬主持蜀国朝政。他的属下有个叫杨戏的，性格疏阔简略，讷于言语。蒋琬与他说话，他也是只应不答。有人看不惯，在蒋琬面前嘀咕说：“杨戏这人对您如此怠慢，太不像话了！”蒋琬淡然一笑，说：“人嘛，都有各自的脾气秉性。让杨戏当面说赞扬我的话，那可不是他的本性；让他当着众人的面说我的不是，他会觉得我下不来台。所以，他只好不做声了。其实，这正是他为人的可贵之处。”蒋琬不仅不怪罪杨戏，相反一再重用他。

督农杨敏曾经故意诋毁蒋琬：“蒋琬做事糊里糊涂，实在不如前人。”有人把这话告诉蒋琬，并主张以“妖言污蔑罪”处置杨敏，但是蒋琬根本不当一回事。他说：“我这个人能力有限，缺点不少，确实不如前人，杨敏说的是事实。他本无罪过，怎么能以罪治之呢？”杨敏听说后，非常感动，打心眼里赞叹蒋琬的确心胸宽广，大人大量。后来，杨敏犯罪入狱，大家都以为杨敏必死，但是蒋琬依法办理，没有因此给杨敏加罪。

后来，很多人称赞蒋琬“宰相肚里能撑船”。

四川绵阳蒋琬墓

张英：让人三尺有何妨?

清朝康熙年间，安徽桐城县有位张英，在朝廷做官，位居文华殿大学士、礼部尚书，辅佐皇帝处理政务。他儿子张廷玉也考中进士，在朝为官。家里的事情都由一位老管家操办。

有一年，张家准备盖房子，地界紧靠一位叶秀才家。叶秀才要张家留出中间一条路以便出入，但张家管家提出，地契上写明“至叶姓墙”，现按地契打墙有什么不对?即使要留条路，也应该两家都后退几尺才行。俗话说：“宰相家人七品官”，这位老管家觉得自己是堂堂宰相家总管，况且这样建墙也有理有据，叶家一个穷秀才的意见不值得答理，于是叫人沿着叶家墙根砌起新墙。偏巧这个叶秀才是个倔脾气，一看张家把墙砌上了，咽不下这口气，一纸状文告到了县衙，打起了官司。

一个穷秀才与当朝宰相打官司，而且理由也不十分充分，亲朋好友都为叶秀才担心，怕他吃亏，劝他早点撤诉。但叶秀才就是不听，坚持把官司打下去。张家管家一看事情闹大了，就连忙写了封信，把这事禀告了在北京的张英，要求他出面干预此事。张英收到信件后，认为邻里之间，应该互相谦让，不应该过于计较，更不应该以势欺人，沉吟片刻，挥笔写了四句诗："千里修书只为墙，让他三尺又何妨。长城万里今犹在，不见当年秦始皇。"叫来人带回去。

管家满怀欣喜地接到回信，打开一看却傻了眼，但反复思考后，终于理解了主人的做法，马上来到叶家，告诉叶秀才，张家准备明天拆墙，后退三尺让路。叶秀才开始还以为管家是戏弄他的，根本不相信这是真话。管家拿出张英的回信给叶秀才看。叶秀才看了这首诗，十分感动，连说："宰相肚里好撑船，张宰相真是好肚量。"

第二天早上，张家就动手拆墙，后退了三尺，叶秀才也把自家的墙拆了后退三尺，于是张、叶两家之间就形成了一条百来米长、六尺宽的巷子，被称为"六尺巷"。据说，这里成了桐城县一处历史名胜，一直保存到今天。

六尺巷壁画

桐城六尺巷遗址

吴丽：吃亏是福

总院社区的吴丽，从母亲那儿继承了一条家训——"吃亏是福"。这条家训，母亲念叨了一辈子，也身体力行了一辈子。吴丽从最初的不理解、认为母亲窝囊，慢慢地体会到其中的道理，最后认定：吃亏真是福呢！让我们跟随她的讲述，细细体会其中的奥秘吧。

从懂事那时起，我就觉得，我妈是个窝囊的母亲。

小时候，大家族一起过日子，母亲除了下地，还要做二十几口人的饭。在那个年代，做饭是个苦差事，是很多女人头疼的事：米要自己臼，面要自己磨，一遍遍筛，不知道要花多少力气、流多少汗水，才能得到可以下锅的大米与白面。更何况，做饭烧的是柴草，烟熏火燎的滋味，实在不好受。因此，尽管从道理上说，这种大家族的饭，应该轮流来做，可家里其他轮到的人，却想方设法躲："哎，我难受，闻不了烟味，老二家的，今天的饭你做吧……"；"老二家的，我娘家爹病了，捎信让我回去，饭……"老二家的就是我妈。很明显，她们是在欺负老实善良的母亲。可是，母亲一点都不计较，笑呵呵地答应着："没事没事，我来吧……"于是，母亲除了要在地里忙碌，还要在灶间流汗，还得喂猪、喂鸡……吃口饭也得小跑着，像只停不下来的陀螺。

别人身体有不舒服的时候能歇歇，母亲却不能。"百姓人家的丫头，没那么娇气，干点活是她的福气，她还能吃饱饭呢。"曾祖父含着旱烟袋，常这么跟家里人说，他压根儿瞧不起我母亲。20 世纪 60 年代末，祖父一家在当地小有名气，因此整个家族都觉得，母亲能嫁到这样的家庭是她的福气。所以，在那个家里，似乎谁都有权利指使母亲干这干那，吆三喝四地犹如对待老妈子，干慢了还要训斥几句。"你亏大了，一起过日子，感情你真是老妈子？老妈子还有工钱呢！"有好心的邻居愤愤不平。"没事，力气没有攒下的，睡一觉就好了，吃亏是福。"母亲笑嘻嘻地回答善良的邻居。"真真累死的穷命！"邻居叹着气摇头离开，吆喝自家儿子："帮你婶把水挑回去，没见她都快累趴下了？"精疲力竭的母亲客气过后，递过扁担，眼里随即亮晶晶的："吃亏是福啊，我不是还有帮衬的吗？哎，真挑不动了……"

那年分家了，好的房子、家什被伯母凭着三寸不烂之舌，划拉到自己名下，我们分到了摇摇欲坠的小破房和一堆挑剩的破家具。这明显不公平，一向能忍的父亲，也觉得很是委屈，但除了叹气，他没有别的法子。

母亲却不以为然，"破家值万贯，收拾收拾照样能用，好男不吃分家饭，好女不穿嫁妆衣。吃亏是福。"照样乐颠颠地忙里忙外。不出两天，破旧的小房被父母修葺得焕然一新：房顶重苫了瓦片，石灰掺土夯实了地面，凹凸不平的墙修补平整了，还粉刷了石灰，干干净净，亮亮堂堂。一个星期后，修好的家具也整整齐齐地摆在了各自的位置。

我们喜气洋洋地搬进去，邻居过来道贺："哎呀呀，老二家的就会过日子，啧啧，瞧瞧，猪圈变新房了……"真的，母亲虽然识字不多，却心灵手巧：瘸腿的桌子换上条不同粗细的腿，集市上八毛钱淘来一块淡粉的碎花布头拼成了桌布一蒙，整个房间温馨小资了不少。"你确定给了老二家瘸腿的破桌子？"老大家的看着自己锃光瓦亮的八仙桌很怀疑地问祖父，自己都感觉有点不好意思。

母亲用她的勤劳智慧，让我们很满意地住进了破房子，但她知道，这样的房子经不起风吹雨打。她想盖新房，还想把自己的儿女送进学校读书。想法一说出，我爹吓了一跳：这个女人疯了？土里刨食，挣不了几个钱，还想盖新房、供孩子读书？

实行土地责任制后，母亲没有将地全种粮食，而是自作主张将一块地种上黄瓜。祖父提着棍子怒气冲冲而来，砸烂了一只水缸，砸破了母亲的头，蹦跳着大骂母亲是败家的娘们，不铲了种粮食，就要让她滚出老吴家……

眼见母亲吃亏了，渐渐长大的儿女们不干，想跟乖戾的祖父辩个一二三四。母亲拦下了："那是老人，你们想干什么？再说，什么叫吃亏？就算吃亏了，吃亏也是福。"然后，想方设法与祖父斡旋，终于保住了辛苦种下的黄瓜。

说也奇怪，那年黄瓜长势出奇得好，一茬茬收了好几次，秋后一算账，收入是粮食的十倍。父亲嘿嘿地笑着："脑袋没白挨一棍子，这么些钱！真的吃亏是福！"

以后，母亲每年都留下一块地，种些经济作物。

后来，我们的书越读越高，陆续进了高中、大学。这可不得了——在乡下，女孩子读书别说到高中、大学，就是小学毕业都少得可怜。母亲的做法，在乡下有些胆大，甚至忤逆，谁不知道养姑娘将来是泼出去的水？这账算下来太亏了。村里人难以理解，母亲出门甚至被人戳脊梁骨。

改革开放了，各家的孩子长大后陆续出去打工，日子渐渐富裕，而我们家的孩子都进了学校。几个孩子的学费，让日子渐渐拮据。一段日子，母亲靠借贷才能付起我们的学费。

“就这样的家庭，还想培养大学生？做梦也梦不到吧。”大伯首先瞧不起母亲的做法。

“一辈子净吃亏，现在还要吃儿女的亏？”父亲也反对。但他当不了家，他要敢让哪个孩子辍学，母亲就要和他拼命。可是眼瞧着父母的操劳，我们一度想放弃学业外出打工，母亲听说后，大哭大闹了一场。从那以后，谁也不敢再提“打工”二字。

因为父母的勤劳，我家日子慢慢好起来，学费够用了，锅里的油水也多了。后来，弟妹陆续从高校毕业，参加了工作，我家成了让人羡慕的幸福美满的大家庭。

随着我们的长大，父母老了，祖父母更是衰老得生活不能自理。父母尽心尽力地把他们照顾得很是周到，亲戚邻居都羡慕祖父母是哪世积下的厚德，修来如此的福气。除了照顾老人，父母还发挥余热，帮着照顾我们的下一代，以便让我们在各自的岗位上安心工作。

“吃亏是福。”母亲念叨了一辈子，成为我们做人做事的一条准则。是吃亏吗？精明的人觉得母亲很傻，而在我看来，却是付出、奉献、包容，更是豁达的人生态度。我也坚信，吃亏是福。

【扩展阅读】

劝人含忍宽厚词

佚名

不忍一时有祸，三思百岁无妨。
宽怀自解是良方，含怒伤心染恙。
凡事从容修省，何须急躁猖狂。
有涵有养寿延长，稳纳一生福量。
恣意发狂有失，存心忍耐无忧。
性情凶暴易遭囚，度量容人有后。
粪污能容入相，受辱胯下封侯。
张飞躁暴断咽喉，到底终遭毒手。
占尽便宜有报，吃些亏也无妨。
庞涓暴虐早身亡，孙子忍之无恙。
血气方刚壮士，不宜恃力凌人。
一言不合怒相争，烈火一般情性。
不忍一时忿气，却担百日忧心。
忠言逆耳莫生嗔，苦口药能医病。

劝世歌

佚名

倚富欺贫之人不可近他。
口是心非之人不可结他。
时运未来之人不可贱他。
不知高低之人不可理他。
反面无情之人不可交他。
饮酒不正之人不可请他。
撒刁撒泼之人不可惹他。
来路不明之人不可留他。
说长道短之人不可敬他。
年高有德之人不可慢他。
读书明礼之人不可轻他。
忠孝老实之人不可哄他。
哑聋眼瞎之人不可戏他。
鳏寡孤独之人不可欺他。
得人恩义且莫忘他。受人之托且莫误他。生意买卖且莫瞒他。无义之财不可取他。无衣无食不可笑他。爱穿爱吃且莫学他。不行正道且莫理他。打牌掷骰且莫看他。言语不定且莫信他。谈笑闺阁且莫听他。人或失错且莫怨他。积善修福且莫毁他。世人笑我、说我、欺我、骂我、打我、害我、轻我、贱我，何以处之？只是容他、宽他、由他、怕他、恕他、让他、躲他、不惹他。再过几年，看有他无他。

戒气守分要语

佚名

窃见招祸之端，莫狠乎气性；避祸之法，莫过于忍让。人生天地间各有本分，守着本分，不侵过一些界限，无论不至相打，就是相骂的事也没有。孝顺乐业，勤俭谋生，岂但乡邻亲友称其忠厚，即天地鬼神亦必鉴其和平。贫时有人哀怜，富时无人怨恨，如此好人，乡里称其忠厚，天地鉴其和平。安乐一生，后代昌盛，有福无祸，岂不快哉？

守信

所谓守信，就是遵守约定、言行一致、讲究信用。守信是社会生活和人际交往中的一个基本的道德要求，儒家将“信”列入“五常”（仁、义、礼、智、信）之中，作为中华伦理的核心因素之一。守信是为人处世的根本，所以，老子从正面说：“人之有信，如车有轮。”孔子从反面说：“人而无信，不知其可也。”守信不仅关涉一个人的人格，是自尊、自重的表现，还是个人自信和具有力量的反映。在现代社会，随着人们交往范围的空前扩大、交际方式的空前多样，信用的价值越发凸显。信用的丧失，已经使我们的社会付出了沉重的代价。身为现代人的我们，应有“君子一言，驷马难追”的豪情、勇气与担当。

【家训格言】

人而无信，不知其可也。大车无輗，小车无軏，其何以行之哉？

——《论语·为政》

民无信不立。

——《论语·颜渊》

言必信，行必果。

——《论语·子路》

言行可覆，信之至也。

——［晋］王祥《训子孙遗令》

有所许诺，纤毫必偿；有所期约，时刻不易。

——［宋］袁采《袁氏世范·处己》

君臣不信国不安，父子不信家不睦，兄弟不信情不亲，朋友不信交易疏。

——［明］范立本《明心宝鉴·存信篇》

以身涉世莫要于信，此事非可袭取，一事失信于人，便无事不使人疑，果能事事取信于人，即偶有错误，人亦谅之。

——［清］汪辉祖《双节堂庸训》

一言既出，驷马难追。心口如一，童叟无欺。

——东四街道七条社区刘晖

人而无信，百事皆虚。

——东四街道七条社区方国权

对人以诚信，人无不信；对事以诚信，事无不成。

——东四街道南门仓社区李韵生

为人交友在诚信，处事心公则事成。

——东四街道八条社区魏建芬

诚在心间，信在人间。

——东四街道二条社区闫旭青

家训故事

周成王像

周成王：言而有信，封王叔虞

故事发生在 2000 多年前的西周时期。

周成王姬诵（前 1055 年一前 1021 年）是周武王姬发（约前 1087 年一前 1043 年）的儿子。父亲去世后，他继承王位，登上了天子的宝座，但当时年纪还小，因此由叔叔周公旦辅政。

成王有个弟弟名叫叔虞，他俩从小在一起长大，感情很好。成王当上天子以后，虽然要忙于处理国家大事，但他一有空闲，总忘不了来找叔虞，共叙手足之情。

一天，成王刚上早朝，就听到一个好消息：周公灭掉了叛乱的唐国，已凯旋。退朝后，成王抑制不住内心的激动和喜悦，邀叔虞同往庭院散步。

正值初夏时节，院中草木葱茏，鲜花盛开怒放。兄弟二人边走边说话，不知不觉来到一棵梧桐树下。成王望着高大粗壮、郁郁葱葱的古树，突然想跟弟弟开个玩笑。

“叔虞，你先背过身去，我有一件礼物要送给你。”成王神秘地眨着眼睛说。

趁叔虞转身的功夫，成王飞快地弯下腰，捡起脚边的一片梧桐树叶，放到叔虞的手里。

“这就是你送给我的礼物?！”叔虞不解地问。

成王点点头，一本正经地说：“我今天要封你为诸侯国的国王，这张梧桐叶就是凭证。”

叔虞听成王这么一说，高兴极了。他向成王谢过恩，小心翼翼地把梧桐叶揣在了怀里，三步并作两步地赶到周公那儿报喜去了。

周公听完叔虞的讲述，二话没说，拔腿就去求见成王。他一见到成王就高声说道：“听说陛下要分封叔虞，我特地前来贺喜！”

成王先是一愣，随即漫不经心地说：“你是指梧桐叶的事吧，那只是我私下和叔虞闹着玩的。”

周公神情严肃地告诫成王：“一言既出，驷马难追。言行一致，是做人的基本准则。更何况是天子的言行，将记在史书上，供世人传诵，它会直接影响到周王朝的威望，怎么可以随随便便、视作儿戏呢”

听了周公的一番话，成王才开始意识到问题的严重性。他想：“是啊！一个人要是言而无信，那么还有谁相信你的话呢?！”于是，他马上决定封叔虞为唐国的国王，并且选了一个黄道吉日，为叔虞举行了隆重的分封仪式。

成王亲政后，营造新都洛邑、大封诸侯，还命周公东征、编写礼乐，加强了西周王朝的统治。在他以及儿子康王统治期间，周王朝社会安定、百姓和睦、“刑错四十余年不用”，被誉为“成康之治”。

侯宝林：临终嘱托还人面

著名相声大师、表演艺术家侯宝林先生临终的时候，拉着女儿侯鑫的手不松开，好像有心事。末了，当没人的时候，侯宝林对女儿说：“我求你个事儿。”父亲对女儿这样说，显然是非常罕见的了。侯鑫连忙答应。老头子这才说：“菜市口东街原来有个饭馆，我当年说相声的时候穷，家里人口多，就借了人家两袋面。这么多年了，你去看看，那家人还住在那儿吗? 或者访访人家的后人，替我还给人家。”侯鑫后来说到这事，忍不住流泪了，她说：“老爷子脸皮儿薄，就一辈子背着这个债。老爷子说，生前不好意思说，死后，要还了这个债，他在那边儿才心里安生。”

【扩展阅读】

《管子·形势解》（选）

［春秋］管仲

圣人之诺已也，先论其理义，计其可否。义则诺，不义则已；可则诺，不可则已；故其诺未尝不信也。小人不义亦诺，不可亦诺，言而必诺，故其诺未必信也。故曰：必诺之言，不足信也。

立身存笃信

［唐］王梵志

立身存笃信，景行胜将金。
在处人携接，谙知无负心。

凡人立身行己，应事接物，莫大乎诚敬。诚者何也？不自欺、不妄之谓也。敬者何？不怠慢、不放荡之谓也。

——《朱子语类》卷一一九

学者不可以不诚，不诚无以为善，不诚无以为君子。修学不以诚，则学杂；为事不以诚，则事败；自谋不以诚，则是欺其心而自弃其忠；与人不以诚，则是丧其德而增人之怨。

——《二程集·河南程氏遗书》卷二十五

知足

“贪得者身富而心贫，知足者身贫而心富。”知足是一种生活态度，更是一种生活智慧。知足者未必没有进取心。与知足相对的是贪婪、不知足。两千多年前，老子就提出了“罪莫大于可欲，祸莫大于不知足，咎莫大于欲得。故知足之足，恒足矣”，认为罪过没有比行私纵欲更为严重的了，祸患没有比贪得无厌更为严重的了，灾难没有比贪欲必得更为惨痛的了。在他看来，懂得知足知止，心无贪求，才能经常适可而满足。人们之所以会遭受祸患，主要是不知满足，总是贪求一些本不应该属于自己的东西或是一些不必要的东西。这种人，不仅过得很累，而且终有一天会因为不知足而受其累。唯有懂得知足的人，才能避免灾祸，保全自己，才能获得幸福、圆满的人生。

【家训格言】

知足不辱，知止不殆。

——《老子》

如不知足，则失所欲，故知足之足，常足矣。

——［三国］王昶《家诫》

知止知足，庶免于辱。

——［北朝］魏收《枕中篇》

论家计休怨我不如人，不如我者尚众；论才学休夸我能胜人，胜于我者更多。

——［清］李惺《西沤外集·药言剩稿》

富莫富于常知足，贵莫贵于能脱俗，贫莫贫于无见识，贱莫贱于无骨力。

——［清］王士俊《闲家编》

别人骑马我骑驴，自觉无颜叹不如。君试回头一察看，道旁还有赤脚汉。

——［清］倪元坦《家规》

富贵贫贱，总难称意，知足即为称意；山水花竹，无恒主人，得闲便是主人。

——［清］张英《聪训斋语》

事能知足心常惬，人到无求品自高。

——［清］纪昀《训次儿》引陈伯崖语

知足天地宽，贪得宇宙隘。

——［清］曾国藩《曾文正公家训》

知足才会幸福。

——东四街道豆瓣社区洪秀华

最幸福的人是那些知足常乐者。

——东四街道豆瓣社区刘文秀

知足常乐，能忍自安。

——东四街道二条社区石效武

家训故事

李日知辞官

李日知是唐朝官员，他为官刚正廉洁、不阿谀奉承，广受好评。唐玄宗即位那年（712 年），李日知转任刑部尚书。自上任后，他屡次上书玄宗，请求辞职，要求告老还乡，最后玄宗批准了他的请求。

对于辞职一事，李日知事先并没有与妻子商量，等获准后，他回家吩咐佣人，准备收拾行装，启程回老家。妻子吃惊地说："咱们根本没有什么家产，儿子们也还没有个一官半职，你为什么不替他们的前途考虑安排一下，就这样急匆匆地辞官了呢？"李日知对妻子说："我本是一个书生，能达到这个地步，已经很过分了。人心没有满足的时候，欲壑难填，如果放纵自己的欲望，贪得无厌，就不会有止步的时候了。"他毅然回家过起了田园生活。在家乡，他也不事产业，而是关心青年，奖掖后进，一心为朝廷培育人才。开元三年（715 年），李日知安然逝去。他虽然没有带给家人荣华富贵，但却给后人留下了知足常乐、两袖清风的美誉。

石效武：知足常乐

二条社区的石效武是满族，爷爷是镶黄旗，奶奶是正白旗。爷爷告诉他，老根在"丰田长白山"，祖辈是"当兵的"，1644 年跟着顺治爷进关。他家的家训是"知足常乐，能忍自安"。对于"知足常乐"一条，石效武深有感触。

首先，他们满意、知足于自己的经济条件。早在 30 年前，石效武和妻子杜荣娣在大西北工作。当时工程处 1700 多人，其中 90% 是"半边户"——一个职工，家属在农村，而且大多"多子女、穷亲戚"。相对来说，他俩"双职工"的经济条件优越多了。回到北京后，作为一个有两个孩子的家庭，经济一度紧张。退休后，退休金远远低于同龄人。而在他们兄弟姐妹六人中，作为老大的石效武，论房产、论汽车、论存款，都是倒数第一。但他们不自卑：有退休金，吃穿不愁；有祖产老宅之一部分，住房不愁。说到房子，是老人留下来的老宅子，虽只有立锥之地，但自己够住了，子女结婚，由他们自己解决房子问题。因此，全家没有为吃穿和住房犯过愁。对于老房子的改造和装修，也是适度即可，不追求豪华、时髦，不攀比。用石效武的话说，在咱北京，国际化大都市，地位高的人、有钱的人，多了去了，比得完吗？比得起吗？因此，对于他们夫妻俩来说，有一灶台，有一饭桌，有一足够长的床铺，再加一张电脑桌，能随时敲出些文字，表达自己的所思随感，创作各种文体的曲艺节目和剧本，也就足矣！

其次，他们满意、知足于子女。虽然在经济上不那么宽裕，但是夫妻二人重视教育，哪怕收入再低，为教育投资，毫不犹豫。他们女儿考到厦门大学，再到哈萨克斯坦当翻译，后留学俄罗斯读到博士，连续在外 12 年，“海归”之后，任职于大型央企，是业务骨干。可是，儿子比女儿的学历低了不少。女儿和儿子，学历悬殊，但他们心理平衡，因为这是儿女各自的选择。夫妻俩自觉问心无愧的是：当初，为姐弟二人支付学费，从来没有含糊过。何况，他们儿子也过得很好。儿子献身国防军旅五年，1998 年夏天哈尔滨松花江特大洪峰时，冲在第一线，立功受奖，并加入党组织，后来到日本“研修”三年，回国后在国企快递业当驾驶员。现在，儿女工作稳定，胜任愉快，敬业乐群。而且，姐弟之间关系亲密。每年老两口生日，儿女总是先商量好细节，再宣布为父母亲庆生。儿女如此懂得孝顺父母，还有什么不知足的呢？

还有，他们满足、知足于当前的生活。夫妻俩业余兴趣广泛：诗词、歌舞、太极拳、观剧、郊游、参观展览，等等。两人身体好，爱好远足旅游，除了国内的名山大川、港澳台，还去过亚、非、欧、澳、美五大洲。每一个大洲，分别去过一至四国。夫妻俩“三证齐全”：出国护照、港澳通行证、台湾旅行证。只要时间允许，抬腿就走。对于父母亲的“疯玩”，儿女大力支持，一个网购机票，一个机场接送，姐弟二人各负其责，从人力到财力，全都安排好了。何为最美？夫妻俩自我感觉良好，乐不可支，总是“美滋滋的”，这就是“最美”！

石效武坦言，咱北京的一部分人有个毛病：“气人有，笑人无。”演化成现在的新潮说法，则是“羡慕、嫉妒、恨”；抱有如此想法的人永远不得安宁，攀比、斗富、虚荣……全是自寻烦恼。

对于违规建筑的拆除，石效武也有自己的看法。一些违规建筑，有的被拆了，有的还没被拆，“等着瞧”还在观望。没被拆的许多家，并非刚性的自住需求，而是“吃瓦片，收房租”。对此，有人羡慕、有人不平。他觉得，正确的心态应该是“遵纪守法，心安理得”，即便周遭的人全靠“打擦边球”发了财，“我自岿然不动”。中国画的技法还讲究“留白”呢，一幅宣纸不可全部填满，院子里盖满了房子，还起个三楼，变成了“农作物的密植”——院子里“种”房子，出不来气，就是一种“得”吗？当然值得怀疑。相反，身体好，到处跑，能力所及，参加几种文体活动，快乐地学习，诗意地生活，还有什么不满足的呢？

如今，“既得利益”、“既得利益者”、“既得利益集团”的使用率极高。石效武认为，从广义讲，全体中国人都是“既得利益者”。1978 年开始的改革开放之后，1979 年对越自卫反击战之后，全体中国人民已经享受了连续 30 多年的快速发展和和平的生活，全国 13 亿人无一不是“既得利益者”，因此，每个人都应该庆幸生活在这个时代，都应该为这个时代发出自己的光和热。

石效武所作的四言诗，集中表达了他知足常乐的心境：

知足常乐，能忍自安。家训不忘，体健心宽。

吃亏是福，贪婪惹祸。房车之外，别有名川。

五洲四洋，尚未走透。精神富有，谁能偷走。

幸甚至哉，东四居民。传统文化，植根深厚。

【扩展阅读】

德兴县叶元恺家题

[宋]朱熹

葱汤麦饭两相宜，葱暖丹田麦疗饥。
莫道儒家风味薄，隔邻犹有未炊时。

箸

[清]袁枚

笑君攫取忙，一世酸咸中。
送入他人口，能知味也否？

家诫诗

[清]金牲

富贵非吾愿，未易语庸俗。
随流且尹进，安分宜止足。

不知足诗

佚名

佚名终日奔波只为饥，方才一饱便思衣。
衣食两般皆俱足，又想娇容美貌妻。
娶得美妻生下子，恨无田地少根基。
买得田园多广阔，出入无船少马骑。
槽头拴了骡和马，叹无官职被人欺。
县丞主簿还嫌小，又要朝中挂紫衣。
若要世人心里足，除是南柯一梦西。

知足歌

佚名

人生尽受福，人苦不知足。
思量事劳苦，闲着便是福。
思量疾厄苦，无病便是福。
思量患难苦，平安便是福。
思量死来苦，活着便是福。
也不必高官厚禄，也不必堆金积玉。
看起来，一日三餐，有许多自然之福。
我劝世间人，不可不知足。

行善

“人为善，福虽未至，祸已远离；人为恶，祸虽未至，福已远离。”佛教强调因果报应，马克思主义哲学同样讲因果，所谓“有因必有果，有果必有因”。多行善事、多做好事，有益于人，最终必然也有益于己。袁黄强调“命由我作，福自己求”，通过切实地行善积德，改变了自身的命运。董氏家族肯心行善，而且代有传人，铸就了一时的繁盛。历史的结论彰彰在目，我们每个人都应时刻存好心、说好话、做好事、当好人，以益人、益己、益社会。这是一个很简单、很浅显的道理，却也是很高远、很深邃的人生智慧。

【家训格言】

积善之家，必有余庆；积不善之家，必有余殃。

——《易经·坤卦·文言》

作善，降之百祥；作不善，降之百殃。

——《尚书·伊训》

勿以善小而不为，勿以恶小而为之。

——［三国］刘备《遗诏敕后主》

行善之人，如春园之草，不见其长，日有所增；作恶之人，如磨刀之石，不见其损，日有所亏。

——［唐］赵蕤《反经》

若施惠必待富而后为，吾儒终无济人之期矣。

——［元］彭琉《诫子弟》

桥圮路淖，子孙倘有余资，当助修治，以便行客。或遇隆暑，又当于通衢，设汤茗一二处，以济渴者。

——［元］郑文融《郑氏规范》

有益于人，是善；有益于己，是恶。有益于人，则殴人、詈人皆善也；有益于己，则敬人、礼人皆恶也。

——［明］袁了凡《了凡四训》

钱财盈丰，千仓万箱，若遇好事不做，遇贫难不施，不过一守财虏耳。

——［清］于成龙《治家规范》

多行一点善，多积一份德，但行一滴恶，即存一份祸。

——东四街道南门仓社区郎海鹏

出门走好路，出口说好话，出手做好事。

——东四街道南门仓社区周利

人恶人怕天不怕，人善人欺天不欺；善恶到头终有报，只分来早与来迟。

——东四街道六条社区达双平

家训故事

袁黄：行善积德

袁黄，号了凡，是明朝官员。万历年间中进士后，即授宝坻（今属天津市宝坻区）知县。在任期间，政绩显著，被誉为“宝坻自金代建县800多年来最受人称道的好县令”。

在宝坻县当县长时，袁黄想方设法多做些有利地方百姓的事情。当时，宝坻县常有水灾泛滥，袁黄于是积极兴办水利，将当地的三汊河疏通，筑堤防以抵挡水患的侵袭；到灾区，鼓励百姓沿着海岸种植柳树。这样，每当海水泛滥、挟带沙土冲上岸时，遇到柳树就被积挡下来，久而久之变成了一道堤防。袁黄又督导百姓在堤防上建造沟渠，并鼓励百姓耕种。

为了抵挡风沙和防止干旱，袁黄组织发动农民植树种草，治理风沙，筑渠引水，缓解灾情。经过几年奋斗，宝坻农村的自然环境和耕作条件有了极大的改善。因此，荒废的土地渐渐地得到了开垦。袁黄又尽可能地免除百姓的种种杂役，以使百姓安居乐业。

与此同时，袁黄还对当地所交税收情况进行调查，发现农民负担过重，原来每亩田要付二分三厘七毫银子，而且各处向县衙交纳的钱粮也有多有少，用现代的话来说，就是“税负不公”。于是，他就将情况搜集起来，向皇上做了详细的禀告，请求减轻百姓的钱粮。获得批准后，他派人把宝坻县所有的田地清理了一遍，并宣布每亩减免钱粮九厘一毫，赋税减轻了将近五分之二。全县农民雀跃欢呼，奔走相告。这一举动，在明代历史上被称为“减粮善政”。

袁黄家里并不富有，可他却非常喜欢行善布施。他奉行“功过格”的方法，也就是把每天所做的事情，按其善恶的性质分别记录为功过，再根据善恶的大小记录功过数，这是一种“隐恶扬善”、“迁善改过”、进行道德自律、规范自己行为的一种工具。在这当中，袁黄写下四篇文章，当时命名为“戒子文”，用来训诫他的儿子，这就是后来广行于世、影响极大的《了凡四训》。

《了凡四训》由“立命之学”、“改过之法”、“积善之方”、“谦德之效”四篇组成。在《了凡四训》里，袁黄以其毕生的学问与修养，融通儒道佛三家思想，用自己的亲身经历，结合大量真实生动的事例，告诫世人不要被“命”束缚手脚，要自强不息，改造命运。《了凡四训》问世以来，深受世人的推崇，被誉为“东方第一励志奇书”，对于提高人的道德素质、改造社会产生过重大影响。

袁黄的夫人也非常贤惠，经常帮助他行善布施，并且依照功过格记下先生所做的功德。由于她没有读过书，不会写字，于是就用鹅毛管沾红墨水，每天在历书上做记号。有时袁黄较忙，当天所做功德较少，她心里焦急，忍不住皱眉头，希望先生能多做些善事。有一次，她为儿子裁制冬天的大袍子，想买棉絮做内里。袁黄问："家里有丝绵又轻又暖和，为什么还买棉絮呢？"夫人回答："丝绵较贵，棉絮便宜，我想将家里的丝绵拿去换棉絮，这样可以多裁几件棉袄，送给贫寒的人家过冬。"

他们的儿子袁俨，后来中了进士，被委任为广东省高要县（今属肇庆市）县令，同样做了很多好事。

重德行善的恒利号钱庄

作为清朝末年北京城四大钱庄（恒利、恒和、恒兴、恒源）之首的恒利号钱庄，始终坚持"和"、"诚"、"信"为核心的经营宗旨，因而成为京城显赫一时的大户人家。这个大家族还有一个非常值得后人学习的方面，这就是重德行善。

董文申年逾七旬，是恒利号钱庄的后人。生在大户人家，董先生从小受到良好的家教，在东四街道举办的"忆家训，谈家风"主题活动上，老人言谈举止间，都透露出一股儒雅之风。董氏家族当时在东四三条建宅置院，形成了以 32 号院（老门牌号）为核心，与 31 号、33 号院相通构成东西向、坐北朝南横向复合型的四合院院落群。虽说加上东四三条 16、17、54 号，还有东四六条的几处房产，按说每一个小家庭都可以住独门独院。"但是我的老祖坚决不同意，一定要混着住。"董文申说，老人的意思是，几个兄弟要住在一起，这样才能做到不分你我，也就不会只是考虑自己小家庭的利益。

董氏大家族非常注重对家庭成员"德"的培养，"因为我的大奶奶和三大妈是续弦过来的，尤其是我的三大妈，当时比较年轻，和前妻所生的孩子只差十岁，但是她把这些孩子看成亲生的一样。现在我四姐回想起继母对她的爱和教育，还十分感动。”

董家人重德，还特别注意行善。董老太太曾经在潭柘寺许下一个心愿——“修德养性，广济民生”，并带动家人身体力行。

据董文申回忆，董老太太的二儿媳董蔡文章，父母都是虔诚的佛教徒。父亲自学中医，经常为邻居和亲戚看个小病，消个小灾，颇有人缘；母亲心地善良，常做一些帮贫济困的事情。董蔡氏是独生女，倍受宠爱，就读于私塾，受家庭影响及父亲的教诲，也略微懂些中医药知识，虽然不能给人治病，但对药材药性有所了解。嫁到董家后，被董老太太“修德养性，广济民生”的大愿和慈善之心所感动，因此，对婆母十分敬重。

在家族收购永安堂以施医药广济民生的过程中，董蔡氏曾给婆母出主意，增强了董老太太收购药店的信心。董蔡氏医药知识虽然不是很精深，但也令董老太太刮目相看，就让她参与到经营永安堂的事务中。董老太太病逝和恒利金店资金转移到天津后，家族将永安堂转卖出去。董蔡氏就在家里开设了专门施舍药物的制药社，这就是广济制药社。之所以以“广济”命名，目的就是在继承婆母的遗愿。

董蔡氏把从娘家带来的和永安堂的一些秘方，筛选和制作了二十多种丸散膏丹等成药。后来，由于财力和精力不足，只保留了医治跌打损伤的“八厘散”，和治疗妇科病的“胎前产后回生丹”等药物，许多讨取药物的人都是慕名而来。由于药效显著，不时有一些富人也来讨药。董蔡氏闲暇时，就盼着有人登门讨药。有人来时，她一定亲自接待，并嘱咐用药和护理的方法。她还把自制的治疗烫、烧伤的蝎子油，主动送给邻居。当她知道谁用药后病愈，就非常高兴。她还在佛祖面前为讨药的病人进行祈祷。

董蔡氏每年在阴历四月二十八日药王孙思邈寿诞日，带领两个儿子董士溶、董士培和孙子董文治向药王施礼膜拜后，开始一年一度的药品配制。配制都是在夜深人静时分、避开女眷和外人来进行的，要忙活近半个月，配制的药品，要够一年施舍之用。

董蔡氏对药物质量要求十分严格，从不偷工减料，秘方中使用的名贵药材比较多，很耗财。为了秘方的安全，采购药材十分麻烦，除拆方分散采购，拆方隔期采购，拆方异地采购，委托他人采购外，还要采购许多障眼药材，采购任务由两个儿子和一位永安堂的老师傅来帮忙完成。

董蔡氏每年在药物方面的支出是个不小的数目，直到 1947 年，终因财力不支而结束了药物的施舍，经营近 20 年的广济制药社被迫关闭。

1949 年以后，董蔡氏将全部药方都无偿地献给了政府，希望政府能够依照药方，组织人员生产，以便造福于更多的人。遗憾的是，相关部门没有充分认识到这些药方的宝贵价值，再无下文。但董吴氏、董蔡氏以及董家其他人的行善之心、助人之行，应该为我们铭记。

【扩展阅读】

好人歌

［明］吕坤

天地生万物，唯人最为贵。
人中有好人，更出人中萃。
好人先忠信，好人重孝悌。
好人知廉耻，好人守礼义。
好人不纵酒，好人不恋妓。
好人不赌钱，好人不尚气。
好人不仗富，好人不倚势。
好人不欠粮，好人不侵地。
好人不教唆，好人不妒忌。
好人不说谎，好人不谑戏。
好人没闲言，好人不谤议。
好人没歹心，好人不浪迹。
好人不村野，好人不狂悖。
好人不懒惰，好人不妄费。
好人不轻浮，好人不华丽。
好人不邋遢，好人不跷蹊。
好人不强梁，好人不暗昧。
好人救患难，好人施恩惠。
好人行方便，好人让便宜。
恶人骂好人，好人不答对。
恶人打好人，好人只躲避。
不论大小人，好人不得罪。
不论大小事，好人合天理。
富人做好人，阴功及后世。
贵人做好人，乡党不咒詈。
贫人做好人，说甚千顷地。
贱人做好人，不数王侯贵。
少年做好人，德望等前辈。
老年做好人，遮尽一生罪。
弱汉做好人，强人自羞愧。
恶人做好人，声名重千倍。
好人乡邦宝，好人家国瑞。
好人动鬼神，好人感天地。
不枉做场人，替天出口气！
吁嗟乎！
百年一去永不还，休做恶人涴世间！

心命歌

佚名

心好命又好，富贵直到老。
心好命不好，天地终须保。
命好心不好，中途夭折了。
心命俱不好，贫贱受烦恼。
心乃命之源，最要存公道。
命乃形之本，穷通难自料。
信命不修心，阴阳恐虚矫。
修心不听命，造物终须报。
李广诛降卒，封侯事虚杳。
宋祁救蝼蚁，及第登科早。
善乃福之基，恶乃祸之兆。
阴德与阴功，存忠更存孝。
富贵有宿因，祸福人自招。
救困与扶危，胜如做斋醮。
天地有洪恩，日月无私照。
子孙受余庆，祖宗延寿考。
我心与彼心，各欲致荣耀。
彼此一般心，何用相计较。
第一莫欺骗，第二休奸狡。
萌心欲害人，鬼神暗中笑。

命有五分强，心要十分好。
心命两修持，便是终身宝。

关圣帝君训文

（题）关圣帝君

读好书，说好话，行好事，做好人。
仙经万卷，忠孝为先；
天上人间，方便第一。
栽培心上地，涵养性中天；
淫为诸恶首，孝乃百行原。
积善虽无人见，存心自有天知；
余庆余殃自作，报迟报速随时。

多少箴

佚名

少饮酒，多饭粥；
多茹菜，少食肉。
少开口，多闭目；
多梳头，少洗浴。
少群居，多独宿；
多收书，少积玉。
少取名，多忍辱；
多行善，少干禄。

劝世歌

佚名

心不光明点甚灯？念不公平看甚经？
大秤小斗吃甚素？不孝父母斋甚僧？
妙药难医冤孽病，横财不富命穷人。
利己害人促寿算，积善修行裕子孙。
人恶人怕天不怕，人善人欺天不欺。
暗中阴骘分明有，远在儿孙近在身。

下篇

齐家

持家

“开门七件事：柴米油盐酱醋茶。”家庭生活看似简单，但实则琐碎。如何很好地操持家务，合理规划用度，让平凡、琐碎而又极其重要的家庭生活平静而温馨、充实且快乐，实在不是一件容易的事情。这在经济不够发达、物资比较匮乏的年代，尤其如此。正因为如此，才有大文豪苏轼房梁挂钱、普通百姓精打细算，以至于世世代代所尊奉的“量入为出”的持家原则。也才使得众多的家庭尽管经济窘迫，却也其乐融融。看来，要想操持好家务，不仅需要责任心，需要爱心，还需要智慧和好的心态。在今天的丰裕社会，我们一般不会为衣食而犯愁，但对于全社会的资源，我们就可以恣情纵意、肆意挥霍吗？传统的“量入为出”的持家原则，是不是也能为我们今天的可持续发展，提供某种启示呢？

【家训格言】

制财用之节，量入以为出，称家之有无以给。

——［宋］司马光《涑水家仪》

随资产之多寡，制用度之丰俭。合用万钱者，用万钱不谓之侈；合用百钱者，用百钱不谓之吝。

——［宋］陆九韶《居家正本制用篇》

宁使家有盈余，毋使仓有告匮。

——［宋］叶梦得《石林治生家训要略》

常将有日思无日，莫待无时思有时。

——［明］周怡《示儿书》

善治家者，今岁预储来岁赋；不善治家者，寅年支过卯年粮。

——［清］刘鉴《曾氏女训》

家中须节用为先，每日食用须有限制，轻用不节，其害百端。又切不可鄙啬为心，凡义所应用，不可有一毫吝心也。

——［清］蔡世远《壬子九月寄示长儿》

凡家有田畴足以赡给者，亦当量入为出，然后用度有准，丰俭得中，安分养福，子孙常守。

——［清］胤禛《庭训格言》

吃不穷，穿不穷，算计不到就受穷。

——东四街道七条社区刘桂芬

晴天带雨具，丰年防荒年。

——东四街道南门仓社区陈德海

昨晚多几分钟的准备，今天少几小时的麻烦。

——东四街道六条社区赵倩雯

平民之家善理财，不为用钱多争吵；勤俭节约广开源，储蓄投资够养老。

——东四街道六条社区乔宝娟

家训故事

苏轼像

苏轼：房梁挂钱过日子

北宋文豪苏轼，不仅诗、词、赋、散文等都写得非常好，而且书法和绘画也达到了相当高的成就，是中国文学艺术史上罕见的全才，也是中国数千年历史上被公认文学艺术造诣最杰出的大家之一。

苏轼 21 岁就中了进士，前后共做了 40 年的官。虽然做官，但苏轼的生活非常节俭，常常精打细算过日子。

公元 1080 年，苏轼被降职贬官来到黄州，由于薪俸减少了许多，他穷得差点过不了日子。后来，在一位朋友的帮助下，他弄到一块地，便自己耕种起来。为了不乱花钱，他还实行计划开支：先把手头的钱清点出来，然后平均分成 12 份，每月用一份；每份又分成 30 小份，每天只用一小份。钱全部分好后，按份挂在房梁上，每天清晨取下一份，作为全天的生活开支。拿到每一小份钱后，他还要仔细权衡，能不买的东西坚决不买，只准剩余，不准超支。积攒下来的钱，苏轼把它们存在一个竹筒里，以备意外之需。

苏轼的这一做法，根据的是《礼记·王制》中“量入以为出”的说法，也就是根据收入的多少来制定开支的限度，后来陆九韶（字子美，号梭山居士）将这一原则进一步完善，以用于居家过日子。

陆九韶的具体做法是这样的：将所有的收入，分为十份：三份用于储备，一份用于祭祀祖先，剩余的六份用于日常开销。再将用于日常开销的部分，分为 12 份，对应相应的 12 个月。每个月月初，将一个月要用的那一部分拿出来，进一步分为 30 份，每天用其中的一份。即便每天用的这一部分，也不能用尽，而是要有所结余，但也不能结余太多。如果用了七成，就是适中，所用不到五成，那就过于吝啬了。每天结余的部分，则可以另行收储，用于节日、医药、修葺房屋、迎来送往、吊丧问疾等用途。

陆九韶的做法，切实可行，一直为人们所尊奉，作为居家过日子的基本准则。曾国藩在家书中就告诫自己的家人说："尔辈以后居家，须学陆梭山之法，每月用银若干两，限一成数，另封称出，本月用毕，只准盈余，不准亏欠。衙门奢侈之习，不能不彻底痛改。"

洪秀华：家庭经济拮据，母亲精打细算

谈到持家，豆瓣社区的洪秀华至今仍不能忘记母亲对自己的深刻影响。虽然，早在 40 年前，母亲就已经永远地离开了人世。

洪秀华出生在 1948 年，姐妹兄弟共七人。父亲每月 30 元的工资，抚养着这样的一个九口之家。为了减轻家庭负担，大姐、二姐早早地放弃了学业，出去打工挣钱。

由于人口多，这个家庭的生活是非常拮据的，但是，善于持家的母亲从不愁眉苦脸。她含辛茹苦地支撑着这个家，凡事必定精打细算。就是在那样的条件下，母亲还是会不时给孩子们做上一件新衣服，隔一段时间"下下狠心"做一个好菜。因此，日子虽然不富裕，但家里总是充满着欢声笑语，大家都有一种苦中有乐的感觉。

有一件小事，一直留在洪秀华的记忆深处。那是 1960 年的一个秋天，洪秀华和弟弟在街上看到别人在吃糖炒栗子，栗子的香味和别人吃着栗子的享受模样，让他俩顿时馋得不行，真是口水都快流出来了。可是，想想家里的状况，想吃但不敢说。虽然 8 角钱就能买 1 斤糖炒栗子，可那已经是全家两天的生活费用啊。母亲在一旁看懂了姐弟俩的心思，没有多说什么，用 4 角钱买回 2 斤生板栗。拿回家后，她在每个栗子壳上划个十字，将壳划开，放进锅里，加上一点盐，然后煮着吃。栗子熟后，锅盖一打开，满屋飘香。全家人围着桌子，一起剥板栗吃，一边说说笑笑，真是其乐融融！

但是，做好栗子的母亲却一颗都没有吃，只是在一旁眼含泪花，默默地

看着孩子们。作为母亲，在艰辛地操劳着一家生活的时候，能够让孩子们在艰辛中感受到生活的快乐，这何尝不是一种最大的幸福与满足。浓浓的板栗香，蕴含着母爱的味道，让孩子们难忘终身。

【扩展阅读】

醒世文

［宋］吕蒙正

处世持家年复年，总须虑后更思前；
有钱常想无钱日，莫待无钱想有钱。

商贾一览醒迷（选）

［明］李晋德

和能处世，俭能治家；
慎可律身，谨可远辱。
拙于治家，虽能无益；
专于刻利，纵舍无功。

身世准绳·治家

李光迪

贫贱生勤俭，勤俭生富贵；
富贵生骄奢，骄奢生贫贱。
贫贱弗勤俭，终不能富贵；
富贵弗骄奢，决不至贫贱。
欲保常富贵，须速戒骄奢；
欲求免贫贱，及早学勤俭。

重订增广（选）

［清］周希陶

入观庭户知勤惰，一出茶汤便见妻。
父老奔驰无孝子，要知贤母看儿衣。

家和

家庭是社会的细胞，是最基本的社会组织，也是更加庞大的社会大厦的基石。和谐的家庭关系，是社会稳定的基础；家庭细胞的饱满，是全社会健硕的保证；家庭这一细胞的健康与否，直接关系到社会这个机体的健康。中国古语说：“家以和为贵”、“家和万事兴”；德国大诗人歌德也说，如果一个人的家庭和睦，那他是世界上最快乐的人。一个和睦的家庭，不管经济条件是否富裕，不管住在城市还是农村，也不管家庭成员的职业、地位、收入如何，甚至不管遇到什么困难、变故，都始终是平和的、安稳的、快乐的、幸福的。这种家庭，会让太多看似功成名就、出入名车豪宅、家庭却名存实亡的人羡慕嫉妒呢。

【家训格言】

贫非人患，惟和为贵。

——［三国］向朗《遗言诫子》

和气致祥。

——［南宋］叶梦得《石林治生家训要略》

一家之计在于和，一生之计在于勤，一年之计在于春，一日之计在于寅。

——［明］庐播《便民通书》

为家以正伦理、别内外为本，以尊祖睦族为先，以勉学修身为教，以树艺畜牧为常。守以节俭，行以慈让，足已而济人，习礼而畏法，亦可以寡过矣。

——［明］方孝孺《逊志斋集》卷一

未有和气萃焉，而家不吉昌者；未有戾气结焉，而家不衰败者。

——［清］金缨《格言联璧》

国正天心顺，官清民自安。妻贤夫祸少，子孝父心宽。

——《名贤集》

和顺以安家，克己以睦族。

——［清］张习孔《家训》

家庭之间，以和顺为贵。

——［清］左宗棠《家书·致癸叟侄》

家以和为贵。

——东四街道二条社区朱战英

尊老爱幼行在先，家庭和睦其乐融。

——东四街道二条社区胡淑印

人和方可亲，家和万事兴。

——东四街道二条社区翟家莹、赵德彬

兄弟是手足，家和万事兴。

——东四街道豆瓣社区张惠君

家是快乐的港湾，每个成员都要和睦相处。

——东四街道七条社区张玉昆

建立在相互信任、相互理解基础之上的家庭，才是美满幸福的家庭。

——东四街道七条社区刘岩

家训故事

义门陈氏宗谱像

陈氏义门：百犬同槽

唐宋时期的江州义门陈氏家族，13代聚族而居，同炊共食，人口多达700口。众多的人口和谐共处，每当吃饭的时候，都设一长席，长幼依次坐而共食。由于满门重义尚德，甚至影响了他家的狗。相传他们家有100条狗，共食一槽，每次只要一只狗不到，其他的狗也都不食。

相传有一年，宋太宗御驾亲临，带来100只米馍，要试验一下“百犬同槽”的传闻。100个米馍放在地上后，来了99只狗，其中一只含起一个米馍后，径直向一间柴房走去，其他的狗原地不动。后来，人们发现柴房里有只拐了腿的狗，拐腿的狗拿到米馍后，其余的99只狗才一起分享米馍。为此，宋太宗御书了“一犬未至百犬不食，牢内异物皆效义；一吠突起百吠齐怒，寨中同声共护门”的楹联。

义门陈氏匾额

郑氏义门：礼义和睦三百年

浙江浦江县郑宅镇郑宅村，有一个著名的郑氏义门祠堂，占地3000多平方米，至今仍在默默地向人们诉说着一个中国式大家庭礼义治家、和睦相处、延续三百多年的辉煌往事。

这个被称为“江南第一家”的大家庭，从南宋建炎初年（1127年）开始，

郑氏宗祠

直到明朝天顺三年（1459 年），15 代人不曾分家，几千人同财共食，吃住生活在一起，和睦相处长达 330 余年，比我国历史上盛世唐朝还多了半个多世纪，成了中国家庭史上的奇迹。

据记载，这个大家庭是一个儒家模式的理想小国：每天黎明，钟声响起，家族中所有人起床、盥洗后，全体到祠堂聆听训诫，然后分男女集体进膳，再各就所业：八岁以上的男孩入家塾，16 岁以上的入大学；成年男子从事稼穑、畜牧、园艺、运输以及管理等工作，妇女从事纺织等家务；晚上，主要人员还碰头商量第二天的事情。整个家族雍雍睦睦，耕读传家，秩序井然，生生不已。

这个家庭，内部成员之间关系非常和谐。明朝初年发生的一件事情是最好的证明。

明洪武十四年，胡惟庸案爆发，开国功臣、中书省丞相胡惟庸被疑叛乱，遭明太祖朱元璋处死。胡惟庸死后，一些人陆续揭发他的一些“谋反”罪状。朱元璋大怒，为肃清“逆党”，大肆株连杀戮，总数达三万余人。有人检举郑家与胡惟庸有关联。刑部派人来当地拘捕，郑氏兄弟六人争相承担罪责。最小的弟弟郑湜力排众议，毅然独自一人赶赴南京，去承担所谓的罪责。长兄郑濂知道后，坚决不同意，说：“我是老大，这罪该我去承担。”于是，这兄弟俩争着要戴罪入狱。事情传到朱元璋耳里，这位大老粗出身的皇帝大为感动：“他们一家人能够做出这样争相替罪的事，怎么会跟别人去做叛逆的事情呢？”不但没有处罪郑氏一家，相反发出圣旨，敕封郑氏为“江南第一家”，还任命郑湜为福建布政司参事。

樊潞颖：家庭和睦情义浓

八条社区的樊潞颖家，是一个极其普通的城市家庭。一家五口，除他们老两口外，儿子、儿媳和孙女住一起，一家人始终将“家和万事兴”奉为治家的座右铭。

俗话说，婆媳是一对天敌，但是在樊潞颖家，这一魔咒被打破了。儿媳对婆婆照顾有加，婆婆对儿媳关心备至。例如，每天早晨一起床，儿媳亲切地问候“爸、妈”，下班回来的第一句话，还是叫“爸、妈”，并立即到厨房给大家做出可口的晚餐。儿媳的行动，对孙女产生了很好的影响。孙女很懂礼貌，见到年长的便叫爷爷、奶奶、叔叔或阿姨。每逢周休日，儿媳带着女儿，与丈夫一起驱车去看望自己的爹娘。每年四位老人过生日时，儿媳都张罗设宴祝寿。

婆婆呢？也将儿媳当作亲生女儿一样对待，每当发现儿媳想吃什么，立即买回来，亲自下厨精心烹饪。每次儿媳都感动地说：“谢谢妈！”2013年6月底，儿媳知道婆婆、公公要去山西参加三姨儿子的婚礼，马上拿出2000元钱让他们好好去玩一玩。

儿子也不示弱，无论岳父、岳母还是父母有事，都义不容辞地主动承担。例如，岳父家翻建住房，他请有经验的施工队并全程紧盯，保证了工程质量，令老人十分满意。今年5月份，岳父因心脏病住进宣武医院，他尽心尽力地昼夜看护，直至康复出院。一次，父亲因脑出血住进军区总医院，他同样日夜守护，端屎、端尿、洗脚、搓澡，经过二十几天的精心照料，父亲很快恢复了健康。

这是一个生活和谐美满的幸福家庭，无论亲朋好友，还是街坊四邻，无不交口称赞。

张登友：家庭和睦是最大的幸福

谈到什么是幸福？总院社区的张登友说：“我觉得在我的生活中，家庭和睦是最大的幸福。”

这是一个祖孙三代同堂的家庭。张登友年已 70，爱人也已满 66 岁。儿子张成、儿媳许红梅带着小孙女，和他们生活在一起。

张登友和爱人结婚已过 43 年，这些年来，老两口从未因家事而吵嘴。一般人居家过日子，难免有一些磕磕绊绊，但老两口互谅互让，把问题消灭在萌芽状态。尤其是二十年前，张登友的爱人得了更年期综合征，其症状是幻听幻觉，类似神经病。犯病时，不管白天还是黑夜，也不论刮风还是下雨，只要听到什么声音，有时夜里只穿一条短裤就往外跑，张登友必须跟着出去，以防出事。去过好几家医院，至今也没有根治。但即使这样，张登友对老伴没有半句怨言，一直陪到今天。好多邻居都说：老张可真是名副其实的模范丈夫。

张登友有一个老岳父，84 岁那年得了肺纤维病，一年四次住院。因爱人家里没有男孩，张登友担起了照顾岳父的重担，在医院端屎端尿，照顾侍候两年，直至把老人送终。

张登友的儿子、儿媳，也是一对非常孝顺懂事的孩子。在老两口言传身教的影响下，小两口也是非常恩爱，对父母亲很孝顺。每逢父母亲生日，总要买来生日蛋糕祝寿。尤其是父亲节、母亲节时，老两口以前没有过这个节的习惯，所以从不关心哪天是父亲节、母亲节，常常记不起。结果，到了这天晚上，儿子儿媳总会给父亲、母亲一个惊喜，把父母亲最喜欢的礼物拿出来，问：“今天是什么日子？”老两口哪里说得清楚？于是，儿子儿媳告诉爸妈：“今天是父亲节（母亲节），祝爸妈节日快乐！”令父母非常感动。

儿媳为了老两口身心健康，专门为他们订阅了《健康生活报》，已达数年，目的就是让老人家身心健康。

小孙女张颖雯已经 13 岁，上初中一年级。自懂事那天起，一旦家里有什么新鲜、好吃的，小孙女第一个想到的总是爷爷奶奶。特别是每逢年节，全家一起聚餐时，小孙女总是第一个端起水杯站起来说：“祝爷爷奶奶节日快乐！谢谢爷爷每天接送我上下学！谢谢奶奶每天为我们做可口的饭菜！”

几句话，说得爷爷奶奶心里热乎乎的。这就是爱，这就是家的温馨、家的和睦，也是全家人最大的幸福。

恒利号钱庄：儿媳妇是家庭和谐的砝码

董文申先生是清末北京城里有名的四大钱庄——“恒利、恒和、恒兴、恒源”中恒利号钱庄的后人。他回忆起当年大家族中长辈们关于“家和”的教育与作为，很有感触，特别指出：“儿媳妇是家庭和谐的砝码。”

“老一辈都讲究做到一视同仁，做事公开。他们的不谋私利，为家族树立了榜样。我的老祖很注意家人的和谐，他认为关系处理不好，家庭就会矛盾重重，如果处理得当，家庭就会和睦。” 董文申的祖辈深知儿媳妇是家庭和谐的砝码，因此对儿媳妇更是关爱有加。不但每月给月钱，而且在家宴当中还要给儿媳妇们点犒劳菜、赠送贵重的首饰、逢年过节想着给做衣服，平时更注重与亲家的往来和沟通，所有的生活细节都考虑得很周到。

“吃石家的粮食，喝吴家的茶，带张家首饰，买沈家的古玩。”当时董文申的大奶奶家里是经营粮食的，姥姥家是吴裕泰的主人，四大妈家是开金店的，大爷的亲家是当年琉璃厂有名的古玩店沈家。这些都是儿媳妇家的店铺，董家之所以到这几家买东西，就是为了显示与亲家的和谐关系，并让儿媳妇们体会到家族对她们家族的尊重，而倍加珍惜这个大家庭。正因为婆家如此的关爱，儿媳妇们也都孝敬老人，因此整个家庭都很和睦。

“儿媳妇们在当中起了很重要的作用。”董文申感慨地说。

【扩展阅读】

归家

［元］王冕

我母本强健，今年说眼昏。
顾怜为客子，尤喜读书孙。
事业新灯火，桑麻旧里村。
太平风俗美，不用闭柴门。

家诫诗

［清］金甡

勿徒羡门阀，况乃贪金钱。
一室少雍睦，两家增过愆。

崇礼

礼节、礼仪传达着对他人的尊重和友善，是促成社会和谐的有效成分。《论语》中说：“恭近于礼，远耻辱也。”认为一个人言行恭敬，符合礼仪，这样才能远离耻辱。相对于子贡所说的“贫而无谄，富而无骄”，孔子认为“贫而乐，富而好礼”是一种更好的选择。正因为如此，古人十分尊崇礼仪，注意礼节、礼貌，认为这是做人的一种基本修养。倡导无论行住坐卧，无论室内室外，无论学习工作还是生活，处处都要遵循礼仪规范。在现代人看来，这些做法或许有些繁琐、迂腐、过时，但其传达的意义绝对是良性的、道德的、友好的；旧时一些具体的做法，或许可以变通，甚至弃置，但其精神内核应该永远坚守。道理显而易见：“凡人之所以贵于禽兽者，以有礼也。”

【家训格言】

不学礼，无以立。

——《论语》

凡人之所以贵于禽兽者，以有礼也。

——《晏子春秋》

人无礼则不生，事无礼则不成，国家无礼则不宁。

——《荀子》

最厚亦宜谨礼，临卑不可矜骄。
三纲废则勿亲，五伦明则可友。

——［明］李晋德《商贾一览醒迷·警世歌》

国尚礼则国兴，家尚礼则家大，身尚礼则身正，心尚礼则心泰。

——［清］颜元

子弟家居，饮食动作俱教以规矩，事上接下，俱教以礼数，勿致放荡。

——［清］于成龙《治家规范》

宜时时留心，无论行坐，均须重厚。

——［清］曾国藩《曾文正公家训》

叫人不蚀本，舌头打个滚。

——东四街道八条社区臧淑清

家训故事

恒利钱庄：讲礼数，无分贵贱

“头戴马聚源，身披瑞蚨祥，脚踏内联升，腰缠‘四大恒’。” 这是清朝末年起，老北京民间流传的一句话。“四大恒”指的是恒利、恒和、恒兴、恒源四大钱庄。其中，恒利钱庄由董姓人氏开设。清朝乾隆年间，祖籍浙江慈溪的董姓先祖来到北京，在东四牌楼摆设钱摊，兑换银两铜钱，积累了一些资本，以后逐步开展存储、房贷等金融业务。由于董氏钱庄坚持“和”、“诚”、“信”的经营理念，管理有方、诚信可靠，逐步发展起来，并带动几位有过世交的浙江老乡，随后开设了恒和、恒兴、恒源等几家钱庄，几乎控制了京城的经济命脉。

恒利号钱庄的后人董文申老人，从小受到了良好家教，现在一举手、一投足、一言一行当中，依然体现得很充分。他回忆小时候的生活说：“我出生并长年居住在东四三条的一座四合院内，是吃四合院的饭长大的，既吃到了家境富裕时期的，也吃到了家族破败后的。现在回忆起来，依然亲切有味。”

当年大家族中对礼节的重视，董文申老人更是记忆犹新：“我家有大奶奶、二奶奶、三奶奶。有一次举行家宴的时候，三奶奶不能参加，但是在主桌上必须要给她留个位置，来显示她在家族中的地位。这样，她心中感到非常满意，后辈们也知道如何尊重长辈。”

长辈们还非常注意教育孩子们如何善待他人。董文申老人回忆道：“对待一些穷的亲戚朋友，他们到家来参加婚宴的时候，家人也非常注意。我奶奶说，这些人不能够慢待，一定要把他们放在主要位置，而且要介绍他们的一些绝技，比如谁唱戏唱得好，谁下棋下得好，以获得众人的赞赏和尊重。”

董氏后人董笑岩女士，也讲了一个关于先祖董吴氏的感人故事。董吴氏淑英是吴裕泰茶庄创始人吴澄波的四女儿，她知书达理，待人谦和。有一年，董家请掏粪工人来家里掏粪。当时，董吴氏女儿董凯大概七八岁，看到掏粪工人来了，躲得远远的，一方面是因为人生，但更重要的原因是嫌脏嫌臭。可吴淑英没有半点嫌弃的意思，热情地接待。看到快掏完了，她去泡了一杯热茶，拿了一块白毛巾，站在院门口等候。掏粪工人掏完粪出来的时候，她双手递过去白毛巾，让他擦汗，随后又把茶递上说：“您辛苦了，喝口水吧。”这个情景，让女儿董凯终生难忘。后来，董凯把这个故事讲给后辈们听，对后世子孙有很大的启迪。

那时候，董家是大户人家，住的是独门独院，也不经常和邻居来往，但逢年过节时，一定要拜访左邻右舍，与邻里的关系很是融洽。董文申回忆说：“越是大门大户，越讲究礼数。我们在 16 号住的时候，15 号是仓韩家，是搞仓储的大宅门，那个院子当时就住两个老太太。为了安全起见，我们两家就做了一个电铃，他们那边一有事就按铃，我们就关照她们。”

随着时代的发展，恒利钱庄虽然早已不在了，但董氏家族诚信做事、礼节待人的风范，至今仍值得后人学习、借鉴。

翟家莹：要学会有礼貌

今年65岁的翟家莹，常常回忆起小时候父母亲的教诲和言传身教。“要学会有礼貌。见了认识的人，无论是谁都要打招呼叫人；在外人面前要坐有坐相，站有站相，要端庄大方，这是对人的尊重。尊重他人就是尊重自己。”这是父亲时常挂在嘴边的话，这让翟家莹受益一生。她充满深情地讲述着小时候的故事：

我从小就是一个不愿见生人的女孩，家里不管来的是亲戚还是父母的同事朋友，我都会飞快地跑出去，等他们都走了才回来。记得有一次，我父亲一个同事来家里，刚进门我就要跑，父亲一把拽住我说：“你先叫了叔叔再出去玩。”我就是不叫，满脸通红。父亲很生气：“你今天不叫，你就别想出这个门。”我只好低着头，声音细得像蚊子叫一样，叫了声“叔叔”，撒腿就跑了出去。等那位叔叔走后，我回到家，父亲把我叫到身边，跟我讲：“家莹呀，我知道你胆子小，怕见生人，但你慢慢长大了、懂事了，见到客人来就要知道叫人，这是最起码的礼节和礼貌。你不这样做，人家会笑话我们大人的，会笑话我们家的孩子没有教养，连最起码的礼貌都不懂，知道吗？等你上了学，老师也会教你们的。你要从现在开始学会。胆子小不怕，要慢慢锻炼，有了第一次，就会有第二次，慢慢就好了。”

记得从那以后，家里来人时，父亲总是先叫我：“家莹，你看谁来了，快叫大大！”就这样，我的胆子慢慢地大了起来，家里来了人，我也不再跑出去了。我还记得，父母要求我们，无论来的是长辈还是小辈客人，走时都要送出大门口。父亲还频频点头鞠躬，一直到客人走远看不到了，才让我们回家。我们姐妹都很不理解父母为什么这样做，因为对长辈还说得过去，可对平辈或小辈客人也这样，这礼貌是不是有些过了？

有一次，我对父亲说：“您这样对长辈叫尊重，对晚辈干吗也这样呢，这不有失您的身份吗？这有必要吗？”父亲听后，很严肃地对我说：“你们不懂吗？这叫尊重！尊重不分老幼，无论是谁都要尊重，尊重他人就是尊重自己！”我说：“送个客人还存在着尊重吗？”父亲语重心长地说：“孩子，记住：什么时候都要学会尊重他人！”

还有一次，几个同学到我家玩，因为都是小学生，玩起来就什么都不在乎，什么姿势的都有。父亲看到了，很严厉地说：“看你们都什么样子，坐没坐相，站没站相，长大了也是没有规矩的人。”父亲的话刚说完，同学们都不说话了，一个一个都溜了。我当时很生气。等同学走后，父亲对我说：“小孩子要从小学会有规矩，尤其你们女孩子更要有规矩，无论在什么地方都不能随随便便，坐不像坐，躺不像躺的，成何体统？！你到人家家里可不能这样，会让人家笑话。”

就因为我家规矩多，父亲管得多，我们兄弟姐妹的同学都怕到我家来玩。但父亲的教诲让我记忆深刻，后来也影响了我的一生，因为这教会了我如何尊重他人，怎样做一个有规矩的人。虽然只是个叫人、坐姿之类的小事，但让我明白了一个大道理——没有规矩不成方圆。家庭是这样，社会这个大家更是这样。俗话说，“家有家规，国有国法”，谁也不能逾越。我家的这个家训，使我在成长的路上，常常受到大家的尊重和赞美。每当听到别人夸我时，我都从心底感激我的父亲。

翟家莹表示，她会将这好的家风家训传下去，让女儿这一代年轻人也学会礼貌、学会尊重他人，让老一辈的正能量世世代代传递下去，让每个家庭更幸福美好、让社会更加和谐健康！

郎海鹏：饭桌上的家教

家住南门仓的郎海鹏是满族人，属于镶黄旗，几代人幸福祥和地生活在皇城脚下。自祖辈至今，家里人秉承“礼”“孝”“德”“教”的家训，在各自的生活、学习、工作中，处处与人为善，而“礼”“孝”“德”“教”的家训教育，也体现在一点一滴的小事之中。

老北京人的饭桌上，有着各种十分讲究的礼仪。一个孩子在饭桌上的表

现，往往反映出其家教和家风。在郎海鹏家，从祖辈到父辈，再到他们这一代，对孩子在饭桌上的礼仪是严加约束的。

一是从小就教育孩子招待客人和侍奉客人的礼节。例如，宴席的排座，要坚持“长为先、师为先、远为先”的原则，即按辈分排座，远道而来的亲戚朋友要优先入座，对待家境贫穷的亲戚和朋友，更要格外照顾。吃饭时，一定要等长辈先入座，大家再依次入座；长辈吃了第一口，晚辈才能开始用餐。至于孩子，必须在长辈和客人入座后方可入座。

二是在饭桌上，要求孩子要做到懂规矩、尊敬人、讲礼貌、有教养。例如：要用双手端盘、端碗，手指不能抠在盘沿和碗边上；盛饭、盛汤、倒茶时不能太满，而斟酒要满，但不能溢出；吃饭时不能咂摸嘴，不敲碗筷，如果吃噎着，连续打嗝就应主动下桌；不能拖拉椅凳，以免发出刺耳的声音；吃饭时，不能将嘴塞得满满的，不能狼吞虎咽，不能站起身来夹菜，够不到的菜可请长辈给夹；不能用筷子在菜盘中乱挑乱翻，不能边吃边双眼紧盯着桌上的菜；不能用筷子指人，不能将不爱吃的东西和口杂牙秽扔在或吐在地上；特别还有一个忌讳，就是不能将筷子直插在饭碗中；孩子绝对不准喝酒，等等。在今天的社会，如果要求孩子在饭桌上做到“食不言”可能有点为难，但要求孩子尽量倾听别人的交谈而不插话，如果有要表达的意见需等他人说完后再说。

最后，还有接待客人的规矩。家中来了客人，主人要亲自斟酒，按顺序向长辈和客人敬酒，不能强求；要考虑客人的饮食爱好准备食材，就餐时主人要注意与客人交流的广泛性，不要热此冷彼；如有女宾，更要注意谈话内容和对女宾的尊重；主人不能先于客人放下碗筷，直到客人表示已吃好方可结束；主人要陪主宾漱口、净手后，再到另座饮茶。

孩子略大些后，倒茶接待客人的礼数，往往就由孩子来完成：步骤要规范，切忌将碗盖扣在桌子上、茶壶嘴对着客人；倒茶后，要后退一步再转身离去；还有一点尤为重要，不能当着客人扫地、掸桌子，尤其不准将茶水泼在地上。另外，在客人面前不能训斥孩子，否则客人会感到不自在。

诸如此类的规矩，大多看似小事，但实际上却是家教和家风的体现。一些家庭的家教和家风，就是这样在饭桌上、在日常生活中耳濡目染，一直浸润到家人的骨血中去，以至于穿越岁月风尘，世代传承。这，就是家教的意义，就是家风的力量。

臧淑清：对人有礼貌

八条社区的臧淑清，如今已60多岁了。谈到礼节，她不由自主地想到了早已去世的父亲和母亲，想到了父母亲教育自己的一言一行，也想到了儿时的一件件小事。她深情地回忆：

“我是一个普通工人家的孩子。对人有礼貌，是我家的严格规定。有一次，我放学回家，邻居阿姨来我家做客，胆子小的我低着头，放下书包就跑出了家门。母亲为了这事，向我大发脾气。她说：见了阿姨，为什么不叫?一点儿礼貌都没有！母亲在批评我时，又对我说：‘叫人不蚀本，舌头打个滚。’讲了一番道理后又说：骡子大、马大值钱，人大了不值钱，以后不管见了谁，都得叫，不许没礼貌。看着母亲一脸的严肃劲，我知道我错了。从那以后，我们再也不敢见人不叫。为了让我们做得更好，养成习惯，每到过年，母亲总要我们挨家挨户到邻居家去拜年，以养成对人有礼貌的习惯。吃饭时，母亲从不让我们孩子们随便先吃，总是等家人到齐了才一起吃，特别是长辈到位了才能拿筷子。”

臧淑清说：“如今我已经60多岁了，也是有儿孙的人了。父亲母亲虽早已去世，但回忆往事，他们的一言一行就像昨天一样，一幕一幕地浮现在我的眼前……他们的行为、他们的教诲，我会终身不忘，并传教给我的孩子们。”

【扩展阅读】

《诗经·鄘风·相鼠》

相鼠有皮，人而无仪！
人而无仪，不死何为？
相鼠有齿，人而无止！
人而无止，不死何俟？
相鼠有体，人而无礼！
人而无礼，胡不遄死？

性理字训（选）

［宋］程端蒙

具恭之理，为心之敬，
其端辞让，是之谓礼。
检束有要，必循其则，是曰约礼。
制度品节，正其纲常，防其慢易，
以立其敬，是之谓礼。

教子孙读书（选）

［宋］郑侠

坐欲安如山，行若畏动尘。
目不妄动视，口不妄谈论。
俨然望而畏，暱慢不得亲。

守文弟归省携其手歌以别之（选）

［明］王阳明

见人勿多说，慎默真如愚。
接人莫轻率，忠信持谦卑。
从来为己学，慎独乃其基。
纷纷多嗜欲，尔病还尔知。

睦邻

地域上的相邻相伴，使邻居或相邻的国家之间具有了无法割离的紧密联系，以及交往上的更大便利。因此，邻居或相邻的国家之间的和睦相处，也就具有了特别重要的意义。地域上紧密相连，唇齿相依，往往具有共同的利益。正因为具有共同的利益，所以往往唇亡齿寒，一损俱损，一荣俱荣。关键时刻，“远水难救近火，远亲不如近邻”，是最直接的道理。高晓燕说：“邻里之间本来就该互帮互助，相互理解。”“本来”二字，道出了邻里关系的真谛。

【家训格言】

亲仁善邻，国之宝也。

——《左传·隐公六年》

非宅是卜，惟邻是卜。

大意： 迁居时，不要在住宅方面占卜吉凶，而要占卜邻居是不是可以为邻。

——《左传·昭公三年》

居必择地，行必依贤。

——［唐］皮日休《足箴》

邻舍好，辅家宝。

——［明］陈其德《垂训朴语》

不见古人卜居者，千金只为买乡邻。

——［明］冯梦龙《醒世恒言·乔太守乱点鸳鸯谱》

择邻原为居家要诀，和邻亦是处世良图。

——［清］无锡秦氏《家训》

凡亲族邻里来家，无不恭敬款接。有急必周济之，有讼必排解之，有喜必庆贺之，有疾必问，有丧必吊。

——［清］曾国藩《曾文正公家训》

你亲、我亲，不如街坊亲。

——东四街道七条社区郝建伟

远水难救近火，远亲不如近邻。

——东四街道七条社区吕静、七条社区冯卫江

家训故事

董笃行：你仁我义结近邻

明朝年间，山东济阳人董笃行在京城做官。一天，他接到家信，说家里盖房为地基而与邻居发生争吵，希望他能借权望来出面解决此事。董笃行看后马上修书一封：

千里捎书只为墙，不禁使我笑断肠；
你仁我义结近邻，让出两尺又何妨。

家人读后，觉得董笃行有道理，便主动在建房时让出几尺。而邻居见董家如此，很受感动，同样效法，结果两家共让出八尺宽的地方。房子盖成后，就有了一条胡同，世称“仁义胡同”。

同样的故事，还有“六尺巷”的版本在流传。

高晓燕："邻里之间就该互帮互助，相互理解"

高晓燕是 2003 年才搬到东四居住的。这一年，她退休了。

退了休，生活变得轻松起来，不用再按时按点赶急，不用再担心工作上的事情，可以悠闲地过日子。可是，在单位忙叨惯了的高晓燕，一时觉得非常不习惯、不自在。再加上来到一个陌生的环境，一个邻居都不认识，这让她一度觉得心里空落落的。她琢磨着怎么利用空闲时间，给邻居们做点事。

这一年，刚好是北京市推行"煤改电"的第一年。这项工程，将居住在平房的居民一直采用的燃煤采暖改为电采暖，以有利于改善大气环境，提高平房居民生活质量。但是，工程涉及面比较广，需要对居民房屋进行保暖改造，对户内线路进行改造，进行蓄能式电煤炉建设。因此，煤改电工作人员来院里找居民说煤改电的事情时，常因一些居民嫌麻烦、不习惯、工作忙等各种原因不予配合，工作遇到了一些困难。"我正好在家里闲着，那些工作人员总看见我，就让我帮忙传达这件事。"原本乐于助人的高晓燕，便一口应允了。

于是，高晓燕挨家挨户地到社区居民家去，同他们商量煤改电的细则。白天出去上班的人家，她就选择傍晚或晚上去。"我们院里的人都特随和，所以和他们说这个事的时候，他们都特别信任我。"就这样，煤改电的工作，逐步推进，终于顺利完成了。后来，高晓燕成了小院的院长。

2004 年，社区安装数字电视机顶盒，这又是一项需要挨家挨户做工作的活。高晓燕二话没说，主动揽下了这个任务。有了前一阶段的交往，大家对她都很信任，她的工作开展得更加顺利。

"我们院有 40 多户人家，但年龄都偏大，白天只有老人在家，所以，作为院长，我会尽自己所能帮助他们，自己心里也特别舒服。"高晓燕说。当了这么多年的院长，她觉得特别快乐。"虽然不能给社区居民办大事，但通过我，可以向社区居委会反映大家的诉求。谁家有点磕磕绊绊，我也愿意担当调解员。大家相互理解，多沟通，就没有什么过不去的事。"

2011 年，高晓燕被评为东四街道八位好邻居之一。对此，高晓燕很淡然，她说："邻里之间，本来就该互帮互助，相互理解，这样社区才能更加和谐。"

【扩展阅读】

移居

[晋]陶渊明

昔欲居南村，非为卜其宅。
闻多素心人，乐与数晨夕。
怀此颇有年，今日从兹役。
敝庐何必广，取足蔽床席。
邻曲时时来，抗言谈在昔。
奇文共欣赏，疑义相与析。

欲与元八卜邻，先有是赠

[唐]白居易

平生心迹最相亲，欲隐墙东不为身。
明月好同三径夜，绿杨宜作两家春。
每因暂出犹思伴，岂得安居不择邻。
可独终身数相见，子孙长作隔墙人。

《增损吕氏乡约》（选）

[宋]朱熹

一曰德业相劝，
二曰过失相规，
三曰礼俗相交，
四曰患难相恤。

教儿经（选）

佚名

莫把邻家看轻了，许多好处说你听。
值来贼盗凭谁赶，必须喊叫左右邻。
万一不幸遭灾火，左右邻居也可行。
或是作田并种地，左右邻居好请人。
或是见官并跪府，左右邻居把冤伸。
或是子孙并赴考，左右邻居借得银。
或是家中不和顺，左右邻居善调停。
任是远亲多豪富，看来不及左右邻。

勤劳

“天道酬勤”，唯有勤劳者，才能获得回报。“民生在勤，勤则不匮。”只要勤于劳作，财物就不会匮乏。“富从勤得，贫自懒招。”在一个机会相对均等的社会，勤劳能带来富裕，懒惰则导致贫困。勤劳，需要时间、汗水、精力和心血的付出，但只有付出，才能有收获，这是世间的基本规则和亘古不变的道理。所以，聪明的人“惟日孜孜，无敢放逸”，每天朝着自己的目标努力，不敢丝毫懈怠。当勤劳、付出积累到一定程度，收获也就水到渠成，成功也就是必然的事。

【家训格言】

夫民劳则思，思则善心生；逸则淫，淫则忘善，忘善则恶心生。

——《国语·鲁语》（下）

忧劳可以兴国，逸豫可以亡身。

——《新五代史·伶官传序》

平生乃亲多苦辛，愿汝苦辛过乃亲。

——［元］许衡《训子》

勤有三益，曰：民生在勤，勤则不匮，是勤可以免饥寒，一益也。农民昼则力作，夜则甘寝，邪心淫念无从而生，是勤可以远淫僻，二益也。户枢不蠹，流水不腐，周公论三宗文王，必归之无逸，是勤可以致寿考也，三益也。

——［清］高拱京《高氏塾铎》

身勤则强，逸则病；家勤则兴，懒则衰；国勤则治，怠则乱，军勤则胜，惰则败。

——［清］曾国藩《曾文正公全集》

兴家之事多途，未有不自勤劳始者也，故曰：民生在勤，勤则不匮。

——［清］甘树椿《甘氏家训》

男也勤，女也勤，三餐茶饭不求人；女也懒，男也懒，千百万亩终讨饭。

——［清］汪辉祖《双节堂庸训》

忙，是因为社会需要你。

——东四街道办事处主任袁海鹏之外祖母

人手勤一分，家境长一厘。

——东四街道南门仓社区姜永顺、东四街道二条社区郑毅

勤耕苦作样样有，好吃懒做样样无。

——东四街道南门仓社区张幸雁、东四街道豆瓣社区陈伊雄

懒惰无出息，受冻又挨饿。

——东四街道南门仓社区毛纪平

勤奋出成绩，勤奋出知识，不要懒惰，人懒就不想动，身体好不了，失去了革命的本钱。

——东四街道总院社区曹喜河

流自己的汗，吃自己的饭。不靠天不靠地，自己的事情自己干。

——东四街道豆瓣社区张宁杉

家训故事

祖逖：闻鸡起舞

晋朝的祖逖，是个具有远大抱负的人。他年轻时广泛阅读书籍，认真学习历史，成为一个学识渊博的人。他曾几次进出京城洛阳，凡是接触过他的人，都说他是个栋梁之才。后来，祖逖和幼时的好友刘琨一同为官。他们情同手足，不仅常常同床而卧、同被而眠，而且还有着建功立业、复兴晋朝的共同理想。

一次，半夜里祖逖在睡梦中听到公鸡的叫声，他一脚把刘琨踢醒，对他说："你听见鸡叫了吗？"刘琨说："半夜听见鸡叫不吉利。"祖逖说："我偏不这样想，咱们干脆以后听见鸡叫就起床练剑如何？"刘琨欣然同意。于是他们每天鸡叫后就起床练剑。冬去春来，寒来暑往，从不间断。经过长期的刻苦学习和训练，两人都成为能文能武的全才。

臧淑清：吃苦耐劳，勤俭持家

八条社区的臧淑清家有一条家训："吃苦耐劳，勤俭持家。"

臧淑清出生于一个普通工人家庭。家里人多，姊妹五个，她在家行二，上面一个姐姐，下面两个妹妹、一个弟弟。人口多，父亲的收入却不高，再加上自 1959 年开始，母亲因劳累卧病，一直需要看病服药，因此生活得很拮据。但在父母的教育和影响下，全家人吃苦耐劳、勤俭持家并乐在其中。

和天下所有的父母一样，父母亲非常疼爱自己的孩子。为了这个家庭，做木工的父亲，每天不辞辛苦地往来奔波，在工地上辛勤工作。由于工地经常变换，父亲总是骑着一辆破旧的永久牌自行车，清早离家，下班再回。当时，他们一家住在海淀巴沟村附近的家属宿舍，工作地点远时，需到白庙、昌平等地，相隔几十公里。多少个春、夏、秋、冬，不管天气多么炎热或寒冷，不管工地离家有多远，不管回家时已经多晚，父亲总要从工地赶回家。早晨从家里出门时，父亲总从家里带一点吃的东西，通常都是蒜瓣、姜块、葱段什么的，就靠这些东西当午餐。

臧淑清的母亲是个干净利索、很要面子的人。她常对孩子们说：“自己的日子自己过，要吃得苦，耐得劳。”“人穷志不能穷，要懂得勤俭过日子。”“吃不穷，花不穷，算计不到就受穷。”“新三年，旧三年，缝缝补补又三年。”为了让几个孩子穿得整齐，不在邻居和同学中丢面子，母亲不分白天黑夜地给孩子们纳鞋底、做鞋，通过改制和缝补旧衣裤，制作成当时较为“新潮”的衣服。

父母亲吃苦耐劳、勤俭持家的精神，深深地教育和感染着孩子们。臧淑清几姊妹都养成了勤劳的生活习惯，都觉得只要能让辛勤工作的父亲、有病的母亲少操点心，自己多吃点苦也没关系。从小，家里的家务基本上都是几个孩子们干。姐姐是总带头人，每天放学后做饭、洗衣，给母亲熬药，为父亲做第二天要带的中午饭；臧淑清在家里就承担了本应由男孩子干的一些重活、累活，例如买煤、劈柴、买粮、买菜，盖厨房时捡砖头、挖土脱坯、挖菜窖；弟妹虽然年龄小，却也争着帮姐姐们做点事。这种生活无疑是很苦很累的，但培养了孩子们受用一辈子的好品质——吃苦耐劳。

为了节省煤钱，臧淑清父亲自己动手制作汽油桶锯末炉。方法是：将废汽油桶三分之一以下用泥土填实，桶下方打一个方洞，两个适中的木方子，通过打好的洞对成 90 度，塞上锯末砸实；轻轻将木方取出，在下方的方洞点着火，火苗瞬间被抽上去，火能烧得非常旺。不用时，用同样大的方砖把洞堵上，火就封上了。这样的锯末炉很好使，只是需要到处找有木工房的地方捡锯末、变废为宝。

那个年代，物资非常紧缺，粮食、布、油、糖什么的都要凭票才能买到。臧淑清读书的小学旁边有一个副食店，一个月大约卖一次猪棒骨，有时也卖羊脊椎骨。父亲为了给孩子们改善伙食，很早就叫臧淑清起床，去排队买一些回来。当时每人一次只能买五斤，而且去晚了就买不上了。买回棒骨后，全家人精心地熬骨头，小心地将油撇下，留着补充不够用的食用油，用以做菜、烙饼；骨头汤熬成了，全家人围在一起吃骨肉、喝汤，那可是一家子最享受的事了。吃完骨头肉，啃剩下的骨头还可卖钱，8 分钱一斤呢。全家人就这样勤劳、快乐地过着日子，虽然有些艰难，但也苦中有乐。

【扩展阅读】

悯农

［唐］李绅

锄禾日当午，汗滴禾下土。
谁知盘中餐，粒粒皆辛苦。

寄二孙

［宋］陈造

良匠有妙斫，惰农无厚收。
彼哉碌碌者，不源而计流。

醒世文（选）

［宋］吕蒙正

勤懒皆因一念生，家庭兴败此中争。
万般事业由勤致，懒汉何曾见有成。
年少光阴最足珍，都缘两字误因循。
毕生事业知何限，那得工夫走市尘？
清早黎明便起身，家庭内外费艰辛；
君看败家倾产者，多是贪眠懒惰人。

明日歌

［明］文嘉（亦说明人钱福、清人钱鹤滩）

明日复明日，
明日何其多。
日日待明日，
万事成蹉跎。
世人皆被明日累，
明日无穷老将至。
晨昏滚滚水东流，
今古悠悠日西坠。
百年明日能几何？
请君听我明日歌。

明日歌

佚名

明日歌，明日歌，纷纷世事急如梭。
古人戒莫待明日，事到明日事转多。

事转多时犹自可，青春不再奈如何。
我今试作明日歌，劝君年少莫蹉跎。
岁如驶兮日如梭，克己工夫当自加。
君不见，囊萤照雪诚足取，
又不见藏灯闭户堪夸。
学不因循待明日，分明箬笠换乌纱。
我今歌罢明日歌，诸君明日试歌么？

今日歌

［明］文嘉

今日复今日，
今日何其少！
今日又不为，
此事何时了？
人生百年几今日，
今日不为真可惜！
若言姑待明朝至，
明朝又有明朝事。
为君敬诵《今日诗》，
努力请从今日始！

勤懒歌

佚名

为人在世莫嗜懒，嗜懒之人才智短。
百事由懒做不成，临老噬脐悲已晚。
士而懒，终身布衣不能换；
农而懒，食不充肠衣不暖；
工而懒，积聚万贯成星散。
又不见，人生天地惟在勤，
原勤之本在乎心。
若能自强而息，先须抖擞己精神。
士而勤，万里青云可致身；
农而勤，盈盈仓廪成红陈；
工而勤，巧手超群能动人；
商而勤，腰中常缠千万金。
噫嘻噫嘻复噫嘻，只在勤兮与懒兮。
丈夫志气掀天地，拟上百尺竿头立。
百尺竿头立不难，一勤天下无难事。

节俭

如果说，勤奋是主动付出以求回报，节俭则是相对被动地珍惜已有的东西。所以说，勤和俭这两个方面相辅相成，不可或缺。李晋德的《警世歌》中说：“不勤不得，不俭不丰。”石成金的《传家宝》也说：“勤而不俭，譬如漏卮，虽满积而亦无所存；俭而不勤，譬如石田，虽谨守而亦无所获。须知勤必要俭，俭必要勤。”正因为如此，我们很多时候将勤奋与节俭相提并论，这就是“勤俭”。自古以来，勤俭就是修身齐家的重要内容，所谓“勤以修身，俭以养德”。每个有志提高自身修养的人，都应努力将勤劳、节俭变成一种习惯，不仅有益于自己，也有益于他人，更有益于社会。

【家训格言】

俭者，德之共也；侈者，恶之大也。

——《左传》庄公二十四年

由俭入奢易，由奢入俭难。

——［北宋］司马光《训俭示康》

治家在勤俭，临财戒多取。

——［北宋］郑侠《示女子》

俭者，君子之德。世俗以俭为鄙，非远识也。俭则足用，俭则寡求，俭则可以成家，俭则可以立身，俭则可以传子孙。奢则用不给，奢则贪求，奢则掩身，奢则破家，奢则不可以训子孙。利害相反如此，可不念哉！

——［南宋］倪思《经鉏堂杂志》

好丰者，妄用以破家；好俭者，多藏以敛怨。

——［南宋］陆九韶《居家正本制用》

治家舍节俭，别无可经营。

——［明］吴麟徵《家诫要言》

自奉必须俭约，燕客切勿流连。

器具质而洁，瓦缶胜金玉；饮食约而精，园蔬愈珍馐。

——［清］朱用纯《治家格言》

勤苦俭约，未有不兴；骄奢倦怠，未有不败。

——［清］曾国藩《曾文正公家训》

克勤克俭，有吃有穿。

——东四街道南门仓社区张雨兰

端起白米饭，常想吃糠时。

——东四街道七条社区贾晨

家训故事

季文子像

季文子：以节俭为立身之本

季文子是春秋时代鲁国人，曾担任鲁国的正卿，执国政 33 年，辅佐鲁宣公、鲁成公、鲁襄公三代君主。他虽然大权在握，但一心安邦定国，克勤于邦，克俭于家，一生坚持以节俭为立身之本，并要求家人也过俭朴的生活。他穿衣只求朴素整洁，除了朝服以外，没有几件像样的衣服，每次外出乘坐的车马，也非常简单。

有一个叫仲孙的人，看到季文子的生活节俭得几乎有些寒酸，心里很有些瞧不起，就对他说："你身为上卿，德高望重，但听说你在家里不准妻妾穿丝绸衣服，也不用粮食喂马。你自己也不注重容貌服饰，这是不是显得太寒酸，会让别国的人笑话您呢？这样做也会有损我们国家的体面，人家会说，鲁国的上卿，过的是一种什么样的日子啊？您为什么不改变一下这种生活方式呢？这于己于国都有好处，何乐而不为呢？"

季文子听后，淡然一笑，随后正颜对他说："我也希望把家里布置得豪华典雅，但是看看我们国家的百姓，还有许多人吃着粗糙得难以下咽的食物，穿着破旧不堪的衣服，甚至还有人在受冻挨饿。想到这些，我怎么忍心去为自己添置家产呢？如果平民百姓都粗茶敝衣，而我则装扮妻妾、精粮养马，这哪里还有为官的良心！况且，我听说一个国家的强盛与光荣，只能通过臣民的高洁品行表现出来，并不是以他们拥有美妻艳妾和良骥骏马来评定的。既然如此，我又怎能接受你的建议呢？"

仲孙听了季文子的这一番话，满脸羞愧，内心更增加了对季文子的敬重。以后，他也效仿季文子，生活尽量节俭朴素，妻妾只穿用普通布做成的衣服，家里的马匹也只用谷糠、杂草来喂养。

在季文子的大力倡导和身体力行下，鲁国朝野出现了俭朴的风气，并为后世所传颂。

朱启钤：生活要节俭，做事先做人

曾在东四八条居住的朱启钤（1872—1964）先生，祖籍贵州开阳，出生于河南信阳，是中国近代著名的政治家、实业家、古建筑学家、工艺美术家。他一生经历了清朝末年、北洋政府、民国、日伪、新中国五个历史时期，阅历无数，做了许多在中国近代史上能留下历史记录的大事情。

朱启钤幼年丧父，三岁的时候跟着母亲傅太夫人回到长沙外祖父家居住。傅太夫人是典型的中国妇女，虽只略识文字，但生性善良，勤俭持家，一方面帮助家里做工帮佣，一方面兼做女红，抚育幼子。在诗书气息浓厚的外祖父家，年幼聪慧的朱启钤从小就跟着表哥们一起读书学习，受到了良好的教育。傅太夫人从小就教育朱启钤“生活要节俭，做事先做人”，做事要先要让国家得利、国民得利，其次才是自己得利。

良好的教育，使朱启钤具有了优秀的品质。从 1912 年 7 月起，朱启钤连任陆征祥、赵秉钧内阁交通部总长。1913 年 8 月代理国务总理，稍后任熊希龄内阁内务部总长。1914 年兼任京都市政督办。他在任期间，走遍了北京的大街小巷，并根据具体情况，采取了很多城建措施：打通长安街、拆除千步廊、修前门箭楼、改造北京水系、建中山公园，大力提倡种树，等等。朱启钤第一次对北京旧城作了科学规划，并进行了历史上最大规模的改造，被尊为北京城近代化开创者。袁世凯为了表示对朱启钤的支持，还特制一把银镐，上镌有这么一段话：“内务部朱总长钤奉大总统命令修改正阳门，朱总长爰于一千九百十五年六月十六日用此器拆去旧城第一砖，俾交通永便。”朱启钤于开工典礼日，即用此镐拆去旧城第一砖。

20 世纪 30 年代末，日本人要朱启钤出任北京市长，他断然拒绝。由于朱启钤一直不肯就范，于是敌伪加紧对他迫害，先是派特务监视其住宅，随后以他所住的赵堂子胡同是警备地区，一般人不宜居住为由，强行用低价征购了他在赵堂子胡同的住宅，共有八组四合院和全套家具。因此，他被迫移居北总布胡同直到抗日战争胜利，并且一直装病在家，始终未与日伪同流合污。在艰苦的条件下，朱启钤给后代制定了家训，要求后代不得纳妾，不许嫖娼，不许赌博，不许酗酒，不许大摆酒宴。特别是要求后人生活节俭，家庭收入支出要有记账。他自己一生以身作则，为后代做出了模范。周总理来家里看望他，看到了朱家的账册，连二分钱一盒的火柴，也记录在账中。他用的手绢，是将旧包装布袋拆开后，加以缝制改成的。晚年他因耳聋，常常只能和客人做笔谈，写字的纸，常常是将香烟盒拆开后反过来的白纸。他曾担任中国唯一的民族资本家组成的中兴轮船公司董事长，抗日初期，为了抵抗日本军舰在中国沿海登陆，毅然将 37 艘远洋运输船自沉在张家港。

朱启钤的家风家训，深深地影响着后人。朱家的后人中，有担任军委档案馆馆长的将军，有担任外交部副部长的著名外交家，有担任某直辖市人大副主任的，因其家风的良好熏陶，无一人贪腐。朱家后代在全国各地及海外都颇有建树，但都生活节俭，廉洁奉公。他们始终牢记先祖的遗训：生活要节俭，做事先做人。

周尚：勤劳节俭、行善助人的太姥姥

总院社区的周尚，一直保持着节俭的生活习惯：看到身边人忘了关水龙头，马上随手关掉；孩子们的剩饭，毫不犹豫地吃下；家里备着两个大桶，把洗菜水、洗衣水存下来冲厕所……有人对他说：“您太会过日子啦，真能省钱！”周尚总是一笑了之，因为这样做其实也省不了几个钱，可能还很麻烦，可保持这种节俭的生活习惯太重要了。

周尚的这一生活习惯，来自他母亲特别是太姥姥生前的言传身教。

对于那几代人，童年留在记忆里除了饥饿，还是饥饿。在那个时代，几乎家家都吃不饱、穿不暖，日子过得拮据，生活十分艰难。但周尚的太姥姥生活非常节俭，而且善于持家，总会让那点有限的粮食细水长流，再怎么苦，再怎么吃不饱，也绝不会让家里断了顿。

为了能让孩子们吃饱肚子，太姥姥在村前屋后、自留地旁，只要属于自家而且能种庄稼的地方，都种了粮食或蔬菜。包产到户后，太姥姥更是凭着那份对土地的浓浓感情，好像有使不完的劲，每年都把十多亩承包地料理得井然有序，夏禾、秋田和蔬菜经营得让村里人好生羡慕。再后来，孩子们、孙子们都有了各自的归宿和工作，太姥姥老了，却总也闲不住，花甲之年，还下地收庄稼。“人活着，不干活干啥？”这是太姥姥的口头禅。种了一辈子庄稼的太姥姥，对生活的追求到老都没有放松，深深地影响着后辈。她让年轻人知道：一分耕耘，一分收获，只有付出辛勤的汗水，才可能改变困乏的命运。

在那个物质匮乏的年代，由于太姥姥的精打细算，全家的温饱基本得到解决。衣服是“新三年旧三年，缝缝补补又三年”，从长改短、从内到外，就算是小布头也用来纳鞋底。为了省柴，太姥姥总在早上把一天的饭烧好，但严格控制每顿饭的用量。那个时候，孩子们摸着“咕咕”叫的肚子，眼巴巴盯着灶间的大铁锅，那里面不是什么美味佳肴，却胜过世上最好的美味。它能让你夜里不再翻来覆去睡不着，让你不会再胃里生酸水、头昏眼花，让你第二天仍有精力去干该干的事情。日子就在太姥姥的勤劳、节俭与精打细算中，慢慢流淌……

太姥姥节俭，却不抠。谁家没粮没面了，她会打发孩子悄悄送过去，却从不提出要还；春天播种时，她会提前把自家粒大籽饱的良种准备好，等村里邻居来换，从不多要一两。也因此，太姥姥的人缘好、有威信。每逢生产队里浇水播种、种田打场、邻里纠纷、婚丧嫁娶什么的，往往都请太姥姥去主事，这也让子孙后辈们感到骄傲。

那时，村里时常会有衣衫褴褛、面色憔悴、挨门逐户要饭的人：“大娘婶子行行好，给口吃的吧……”面对这种情形，大多数人家闭门不开，装作没人——自家还是吃了上顿没下顿，哪有多余的饭给要饭的？可太姥姥不这样，总是把人热情地让进家里，盛上满满一碗热乎乎的饭，让要饭的先吃饱，甚至临走时，还把家里现成能吃的或穿的，再给上几样。要饭的还以为碰上了活菩萨，激动得连声道谢。孩子们却会不高兴地嘀咕：“自家人还吃不饱，您倒大方给要饭的！”太姥姥会叹口气说：“你们只是吃不饱，可他们缺了这一口，就会饿死啊，哪边重哪边轻，掂量掂量吧……”孩子们就很惭愧了。往后，孩子们碰上这种情况的时候，不等太姥姥吩咐，早就学着做了。

而今，周尚的太姥姥早已去世了，但她给孩子们留下了宝贵的精神财富——做一个勤劳节俭、行善助人的好人。

【扩展阅读】

咏史

［唐］李商隐

历览前贤国与家，成由勤俭败由奢。
何须琥珀方为枕，岂得真珠始是车。
远去不逢青海马，力穷难拔蜀山蛇。
几人曾预南薰曲，终古苍梧哭翠华。

诫子侄诗（选）

［宋］范质

举世贱清素，奉身为华侈。
肥马衣轻裘，扬扬过闾里。
虽得市童怜，还为识者鄙。

醒世文（选）

［宋］吕蒙正

人生俭朴最为高，莫把钱财浪里抛；
物力艰难常记取，免教日后听号啕。

示衢子（选）

［元］于石

蔬肉同一饱，自可甘薇蕨。
布帛同一暖，何必轻短褐。
贫贱士之常，纷华安足悦。

勤俭歌

佚名

人生天地间，富贵谁不欲？
己力不营运，日用安能足？
成立最艰难，破荡极迅速；
贫穷因懒惰，借贷遭耻辱。
俭用胜求人，奢侈莫随俗；
男若勤耕种，饥不愁谷粟。
女若工纺织，寒不虑衣服；
勿谓长少年，光阴如转轴。
男长婚事逼，女大嫁亦促；
双亲老将至，百费相继续。
临期欲付用，闲时须积蓄；
努力奋经营，慎勿惮劳碌。

敬业

敬业，也就是崇敬自己的职业。如果一个人以一种尊敬、虔诚的心情对待自己的职业，甚至对自己的职业有一种敬畏的态度，他就具有了敬业精神。敬业表现为对职业本身的专注和精益求精、追求卓越的精神，表现为在工作中忠于职守、勤奋刻苦、忘我投入，等等。古人云：“在其位，谋其政；司其职，负其责。”不管在什么岗位，不管是否喜欢这个岗位，在一天，就应敬业一天。领导岗位如此，普通岗位同样。李离“伏剑而死”，以其生命践行了“失刑则刑，失死则死”的法律规定，是对法官职业的忠诚，是对领导岗位的敬畏，足以传颂千古。而梁志军，一位普通的供水营销稽查员，则在平凡的岗位上，将工作努力做到极致。他得到的“红星”，是他用多年兢兢业业的工作换来的，是他的敬业心、责任心、细心、耐心乃至爱心的凝聚，同样值得每一个人学习和借鉴。

【家训格言】

我既兹恤，惟夙惟夜；畏忌是申，供事靡惰。

大意：我既然担任这一职务，只有日夜谨慎小心，告诫自己要自我约束，做官为政不能懒惰懈怠。

——［西汉］韦玄成《戒子孙诗》

鞠躬尽瘁，死而后已。

——［三国］诸葛亮《后出师表》

毋徇私以妨大义，毋怠惰以荒厥事，毋纵奢以干天刑。

——［元］郑文融《郑氏规范》

出仕当以国事为家事，民心为己心，不得但蹴荣名，苟图身利。

——［明］徐三重《家则·训子孙》

凡做事须从容细密，事事有条理，勿鲁莽粗疏，有初鲜终。

——［清］陈确《书示两儿（庚子）》

家训故事

李离伏剑

李离是春秋时期晋文公的法官。他在听察案情时，判断有误，枉杀了人命。发觉这个大失误后，李离把自己拘禁起来，并判以死罪。

晋文公听说这事后，特地安慰他说：“官职贵贱不一，刑罚也轻重有别。这是你手下官吏有过失，不是你的罪责。”李离回答：“我担当的官职是长官，不曾把高位让给下属；我领取的官俸多一些，也不曾把好处分给他们。如今我听察案情有误而枉杀人命，却把罪责推诿于下属，这种道理我没有听过。”因此，他拒绝接受晋文公的赦令。

晋文公又说：“你认定自己有罪，那么我也应跟着有罪吗？”李离回答道：“法官断案有法规，错判刑就要亲自受刑，错杀人就要以死偿命。您因为我能听察细微隐情事理，能决断疑难案件，这才让我做法官。可现在是我听察案情出现失误而枉杀人命，当然应该判处死罪。”

说完这番话后，李离拔剑自刎而死。

刘春喜：尽职尽责的爷爷

1935年，刘春喜爷爷家人合影

家住东四头条的刘春喜，年已60，至今仍铭记着爷爷对自己的教诲和深刻影响。

刘春喜爷爷名叫刘福贵，1902年生人，在1949年前曾经的营生是拉洋车。拉车的时候，一身青布裤褂，脚蹬青布小圆口布鞋，干净利落，人也精神。他为人好，车也干净，经常给大宅门拉包月，如同老舍笔下的骆驼祥子。这样冬去春来，风里来、雨里去，凭着两条腿和坚定的意志，熬过日本的占领时期、国民党统治时期，迎来了新中国的诞生。

1949年，刘春喜爷爷参加了三轮车运输服务社，加入到社会主义建设当中。七年后，作为长子长孙的刘春喜来到这个世界，沐浴全家人的宠爱。爷爷经常给小孙子讲做人的道理、做事的方法，教会了刘春喜很多知识。

刘春喜爷爷还是街道居委会的积极分子，凭着他对工作的热情，担任胡同里的清扫工作。每天清早起身动手就干，非常认真，扫得干干净净，不让胡同里有一张废纸、一片落叶，不管严寒酷暑，始终如一。随着岁数变大，他拉洋车时留下了病根儿——老寒腿又犯了，严重的关节炎影响到他的生活，行动多有不便。于是，刘春喜在不上学的时候，就拉着车跟爷爷一起扫。

爷爷还管水站。胡同里只有一个自来水龙头，夏天还好说，冬天接水的地面，会结成厚厚的冰，散落的水很快就形成小冰川似的。爷爷为了方便大家取水，就带着孙子，用大镐去刨冰，一冬天要刨上好几回。另外，到了晚上10点多钟，还要把水管排空，以防止水管冻坏。每月收水费，爷爷也是尽职尽责：晚上先算好各户的水钱，再拖着老寒腿，扶着孙子，打着手电挨家挨户收水费，多少年从来没出现过差错。

爷爷这种尽职尽责的工作精神，深深地影响了刘春喜，使他在工作中始终牢记着两个字——敬业。

“红星”师傅梁志军

梁志军是北京市自来水集团公司稽查大队的一名供水营销稽查员。在《东四奥林匹克社区报》组织的“我为党员送红星”活动中，他收到了徒弟孙江龙送的红星。孙江龙希望借此表达对师傅的一份感谢和敬意。

梁志军身材高大，皮肤黝黑。在稽查大队只要提起他，每个人都会竖起大拇指。

2011 年 10 月，稽查大队成立了质检分队，梁志军因为有着丰富的查表经验，被调到质检分队，担任营销质量抽查工作。几年来，共抽查了 3392 只水表，其中大水量水表 2489 只，查表准确率达到了 100%。他过硬的查表技术，在质检分队中那可是没的说，是唯一没出过差错的队员。

一直从事稽查工作的梁志军，具有丰富的查表经验，调到质检队后，队里除了安排他负责部分丰台区的查表工作外，更主要的任务是“带徒弟”。于是，孙江龙幸运地成为梁志军的徒弟。在梁志军的帮助下，孙江龙学会了很多业务知识。

质检分队队长孙保华常说：“梁师傅就像质检队的一块砖，哪里需要往哪儿搬，从未有过一句怨言！”有一次，有个队员受伤了，负责的区域恰好是东四环至东五环，而这个区域又没有合适的人选。若让相邻的队员移位补充的话，所有队员负责的区域都要向东顺延，这样队员们又要重新熟悉表位，会给分队工作增添很多的困难。梁志军知道了这件事后，主动承担起了这一区域的查表工作。

每天早上六点半，梁志军带齐查表工具走出家门，横穿整个北京城。到达负责区域后，他认真地按照前一天计划好的路线查表。据孙江龙粗略估计，那段时间，梁志军每天的往返路程达百余公里。而且，对于梁志军来说，这个区域也是陌生的。在不熟悉的大街小巷找到一块表，可说是大海捞针，需要通过查地图或与查表员联系，才能准确地找到表位，这样要耗费很长时间。但是，为了按时完成任务，梁志军带着孙江龙，每天早出晚归，时间不够就少休息会儿，路线不熟悉就多走几遍，用最短的时间，熟悉了负责区域内所有的水表位置。

梁志军不但工作认真，为人也和蔼可亲。孙江龙才到大队不久，遇到了一支比较难认的水表，于是照了照片，想让梁志军帮助确认一下表数。梁志军二话没说，爽快地答应了，接过照片只看了一眼，马上脱口而出："1932立方米。"孙江龙瞪着眼睛看着他："您不用再看一遍？"

他胸有成竹地说："没问题，要不你再让别人看一下。"后来，孙江龙问别人，也是这个结果。

于是，孙江龙拿着照片又找到梁志军，请师傅指点。梁志军放下自己做到一半的工作，拿起照片指表针，一遍一遍地给孙江龙讲着。等孙江龙完全弄懂时，一看时间已经过去一小时了。孙江龙内疚地说："对不起师傅，是我太笨了。"梁志军却笑着说："只要你会了，咱这时间就没白花。"

这就是梁志军，正如他在党员承诺中所说的："认真履行岗位职责，热爱本职工作，发挥党员模范先锋作用，帮扶新同事增强业务知识，提高业务技能，为分队更好地完成稽查质检工作，贡献自己的一份力量。"他是这样说的，也是这样做的。

【扩展阅读】

蜀相

［唐］杜甫

丞相祠堂何处寻？锦官城外柏森森。
映阶碧草自春色，隔叶黄鹂空好音。
三顾频烦天下计，两朝开济老臣心。
出师未捷身先死，长使英雄泪满襟。

病牛

［宋］李纲

耕犁千亩实千箱，力尽筋疲谁复伤？
但得众生皆得饱，不辞羸病卧残阳。

十一月四日风雨大作

［宋］陆游

僵卧孤村不自哀，尚思为国戍轮台。
夜阑卧听风吹雨，铁马冰河入梦来。

咏煤炭

［明］于谦

凿开混沌得乌金，藏蓄阳和意最深。
爝火燃回春浩浩，洪炉照破夜沉沉。
鼎彝元赖生成力，铁石犹存死后心。
但愿苍生俱饱暖，不辞劳苦出山林。

即事

［宋］文天祥

痛哭辞京阙，微行访海门。
久无鸡可听，新有虱堪扪。
白发应多长，苍头少有存。
但令身未死，随力报乾坤。

己亥杂诗

［清］龚自珍

浩荡离愁白日斜，吟鞭东指即天涯。
落红不是无情物，化作春泥更护花。

慎交

交友是人的一种基本需要，对于一个人的成长以及事业的发展关系重大。交友一定要交人品好的人，交正直的人，交有责任心、有爱心的人。通过交友，可以交流思想，沟通感情，共同发展和进步。古人云：“与善人居，如入芝兰之室，久而不闻其香；与不善人居，如入鲍鱼之肆，久而不闻其臭。”交友好坏，对一个人影响极大。交友不慎，小则损人害己，大则祸国殃民。因此，“欲远是非，慎交为先。”对于普通人是这样，对于领导干部更是如此。它事关领导干部的思想、志趣和品位，事关领导干部能否做到耳聪目明、决策正确，事关百姓利益、国家事业。人生在世，交友务必慎之又慎。

【家训格言】

自暴者，不可与有言也；自弃者，不可与有为也。

——《孟子·离娄上》

夫交友之美，在于得贤。

——［三国］刘廙《戒弟伟》

与善人居，如入芝兰之室，久而自芳也；与恶人居，如入鲍鱼之肆，久而自臭也。

——［北朝］颜之推《颜氏家训》

近朱者赤，近墨者黑；近贤者明，近才者智；近痴者愚，近良者德；近智者贤，近愚者暗；近佞者谄，近偷者贼。

——《太公家教》

善人固可亲，未能知不可急合；恶人固可疏，未能远不可急去。

［宋］邵雍语，《宋稗类钞》卷二十三

人之性行，虽有所短，必有所长。与人交游，若常见其短，不见其长，则时日不可同处；若念其所长，置其所短，虽终身与之交游可也。

——［宋］袁采《袁氏世范》

拣着老成忠厚、肯读书、肯学好的人，你就与他肝胆相交，语言必信，逐日与他相处，你自然成个好人，不入下流也。

——［明］杨继盛《谕应尾应箕两儿》

人苟有一长，师之皆足以为身心之益。宽厚之人，吾师以养量；慎密之人，吾师以炼识；谦恭善下之人，吾师以亲师友；博物洽闻之人，吾师以广见闻；慈惠之人，吾师以御下；俭约之人，吾师以居家；通变之人，吾师以生慧；质朴之人，吾师以藏拙；聪明才辨之人，吾师以应变；缄默寡言之人，吾师以存神。以此推之，何人非吾师？而又何在不可取益乎？

——徐眉云语，《身世准绳》卷上《交友》

亲贤者，远小人；重礼仪，讲诚信。

——东四街道八条社区董秋娥

酒越喝越厚，钱越耍越薄。交真朋友，终身受益；交酒肉朋友，必将受害。

——东四街道南门仓社区刘瑞竹

益友福身宜相近，损友招祸莫相亲。

——东四街道八条社区李亚平

家训故事

孟母断机教子图

孟子：幼被慈母三迁之教

孟子是战国时期思想家，他光大了孔子的思想，被称为“亚圣”。

孟子很小的时候，父亲就去世了，母亲一心让他接受良好的熏陶和教育，从小就注意他与人的交往。

最初，他们家住在墓地旁边。孟子就跟着邻居的小孩一起，学大人跪拜、哭嚎的样子，玩起了办理丧事的游戏。孟子的母亲看到后，皱起了眉头：“不行！我不能让我的孩子住在这里！”于是就带着孟子搬到市集上去住。

到了市集，孟子又和邻居的小孩，学起商人做生意的样子，一会儿鞠躬欢迎客人，一会儿招待客人，一会儿和客人讨价还价，玩得很开心。孟子的母亲知道后，又皱起了眉头：“这个地方也不适合我的孩子居住。”于是，他们又搬家了。

这一次，他们搬到了一所学校附近。孟子学着学生的样子，读书、守礼节，慢慢变得守秩序、懂礼貌、喜欢读书。这时候，孟子的母亲脸上露出了满意的笑容，点着头说：“这才是我儿子应该住的地方呀。”后来，大家就用“孟母三迁”来表示应该注意环境对孩子成长的影响，特别要注意孩子交往的人，尽量受到好的影响。

管鲍之交

管仲像

春秋时期的管仲和鲍叔是朋友，他们自幼以贫贱相交。后来鲍叔在齐桓公门下，颇受重用，声望显达，他推荐管仲为首相，位居自己之上。两人同心辅政，终始如一，使得齐国成为春秋时期的第一个霸主。

管仲有一次总结两人的交往经历，曾感叹地说：我曾经和鲍叔一起做生意，分红的时候我都要多分一些，鲍叔不认为我是贪婪，他知道我是因为家庭贫困。我也曾经和鲍叔一起做事而陷于穷途末路，鲍叔不认为是我愚笨，他知道有时是时机不好。我也曾多次做官而多次被逐，鲍叔不认为我能力不行，他知道我是时运不济。我还曾在战斗中多次逃跑，鲍叔不以我为胆怯，他知道我有老母要奉养。所以，“生我者父母，知我者鲍叔。”后来因而将相互理解的知心朋友，称之为“管鲍之交”。

管宁割席

管宁和华歆都是汉朝末年的人，两个人是好朋友，吃住生活在一起。一天早晨，两个人一起在园中锄菜，看到地上有片金子，管宁依旧挥锄，当作没看见，把它看作瓦石一样，华歆却捡起来扔掉了。又曾经有一次，俩人还曾坐在一张席上读书，有人乘华车经过门前，管宁照样读书，华歆却丢下书出去观望。经过这两件事后，管宁认为华歆羡慕荣华富贵，就把席子割开，和华歆分席而坐，并说：“你已经不是我的朋友了。”

【扩展阅读】

诗经·小雅·伐木

［先秦］佚名

伐木丁丁，鸟鸣嘤嘤。
出自幽谷，迁于乔木。
嘤其鸣矣，求其友声。
相彼鸟矣，犹求友声。
矧伊人矣，不求友生？

古诗二首之一

佚名

采葵莫伤根，伤根葵不生。
结交莫羞贫，羞贫交不成。

审交

［唐］孟郊

种树须择地，恶土变木根。

结交若失人，中道生谤言。
君子芳桂性，春荣冬更繁。
小人槿花心，朝在夕不存。
莫蹑冬冰坚，中有潜浪翻。
唯当金石交，可以贤达论。

求友

［唐］孟郊

求友须在良，得良终相善。
求友若非良，非良中道变。
欲知求友心，先把黄金炼。

赠任华

［唐］高适

丈夫结交须结贫，贫者结交交始亲，
世人不解结交者，唯重黄金不重人。
黄金虽多有尽时，结交一成无竭期，
君不见管仲与鲍叔，至今留名名不移。

题长安壁主人

［唐］张谓

世人结交须黄金，黄金不多交不深。
纵令然诺暂相许，终是悠悠行路心。

醒世文（选）

［宋］吕蒙正

酒肉之朋不可亲，结交须结正经人；
善良自有芝兰气，缓急相依见性真。
善须相劝过相规，总赖良朋相护回；
倘使欺心相坐视，也应羞对谷风吹。

客座私祝

［明］王守仁

但愿温恭直谅之友，来此讲学论道，示以孝友谦和之行，德业相劝，过失相规，以教训我子弟，使毋陷于非僻。不愿狂躁惰慢之徒，来此博弈饮酒，长傲饰非，导以骄奢淫荡之事，诱以贪财黩货之谋，冥顽无耻，扇惑鼓动，以益我子弟之不肖。呜呼，由前之说，是谓良士；由后之说，是谓凶人。我子弟苟远良士而近凶人，是谓逆子，戒之！戒之！

警世歌

［明］李晋德

倚官势，官解则倾；与恶亲，恶彰则染。
趋显者防败，附势者必危。
有德无才可贵，有才无德可轻。
口是心非难与处，为人犹己可相亲。
心不真，难乎处友；利而义，便可通财。

解人颐·懿行集·朋友

佚名

损友敬而远，益友敬而亲。
结交择德义，岂论富与贫。
君子淡如水，岁久情愈真。
小人甜似蜜，转眼如敌人。

助人

赠人玫瑰，手有余香。助人，无疑需要时间、精力甚至金钱、财物的付出，但能助人一臂之力，解救他人于危难、困苦之中，无疑是应该的，也是值得的，甚至是幸福的。所以，人们常说“助人为乐”。这是对人生活在社会上应尽义务的一种觉悟，更是一种利人利己甚至舍己为人的精神境界。

【家训格言】

辅车相依，唇亡齿寒。

——《左传·鲁僖公五年》

己欲立而立人，己欲达而达人。

——《论语·雍也》

每有患急，先人后己。

——［西晋］陈寿《三国志》

病人之病，忧人之忧。

——［唐］白居易《策林》

好事须相让，恶事莫相推。

——［唐］《王梵志诗》

路见不平，拔刀相助。

——［元］杨显之《酷寒亭》

士君子尽心利济，须要海内人少他不得，自然上天也少他不得，即此便是立命。

——［清］石成金《传家宝》三集卷之二《绅瑜》

与人玫瑰，手中留香。

——东四街道总院社区李秀清

赠人玫瑰，手有余香。

——东四街道八条社区孙彬

付出是一种福气。

——东四街道总院社区刘毅

贫贱不移心智，富贵不忘济贫。

——东四街道八条社区白淑琴

家训故事

范仲淹：父子同心助人

范仲淹像

北宋范仲淹在《岳阳楼记》中写下的“先天下之忧而忧，后天下之乐而乐”的千古名句，不仅显示了他一心为国为民分忧的高尚情怀，而且已经熔铸成为中华民族的传统美德，影响了千千万万人，成为中华民族乃至世界人民的宝贵精神财富。

范仲淹一生乐善好施，做过很多帮助他人的

好事。他在浙江当官时，一姓孙的户曹去世，留下年轻的妻子和两个年幼的孩子。范仲淹把自己的千贯俸钱送给她，其他官员在他的带动下也纷纷捐款。他又找了一只船，派人将她们母子送回家，并告诉去送人的老吏说："如果过关防时，有人索要钱物，你就将我写的诗给他看。" 范仲淹的诗是这样写的："一叶轻帆泛巨川，来时暖热去凉天。关津若要知名姓，此是孤儿寡妇船。"

受父亲的影响，范仲淹的几个儿子同样乐于助人。有一年，范仲淹让二儿子范纯仁到江东去收五百石的麦租。在运粮返回的途中，范纯仁遇到父亲的老朋友石曼卿。石曼卿告诉他，家里三位长辈去世了，没有钱入葬。范纯仁一听，马上将收来的麦子连同运粮的船，一同送给了石曼卿。回到家中，范纯仁一时不知该怎样跟父亲说才好，在父亲身旁站了好一阵都没说话。范仲淹问他："你在苏州遇到朋友了吗？"范纯仁回答说："路过丹阳时，碰到了您的老朋友石曼卿，他因亲人丧事，没钱运柩回乡，而被困在那里。"范仲淹一听，立刻说道："既然这样，你为什么不把麦子送给他，帮他渡过难关呢？"范纯仁这一听，心里悬着的石头落地了，高兴地回答："我已经连船带麦子都送给他了。"范仲淹欣慰地看着儿子，高兴地说："看来我们父子二人的想法是一样的啊。"

范仲淹虽然身居高位，俸禄丰厚，但他不为子女留钱财，而是全部用于扶危济困了。他曾说：他同族的人，和他固然有亲有疏。"然吾祖宗视之，则均是子孙，固无亲疏也。苟祖宗之意无亲疏，则饥寒者，吾安得不恤也。自祖宗来，积德百余年，而始发于吾，得至大官。若独享富贵而不恤宗族，异日何以见祖宗于地下。今何颜入家庙乎。"于是，他拿出俸禄的一部分分给族人，还购置了良田几千亩，设置了著名的范氏义庄。义庄的收入，用来接济宗族中贫困的孩子读书和有需要的人。范氏义庄是最早的家族义庄，是我国史料记载的第一个非宗教性民间慈善组织。它还创造了一个奇迹，虽然朝代更迭，历经战乱，但一直到清朝宣统年间，义庄依然有田 5300 亩，而且运作良好，在历史上存续了八百多年。

范仲淹不遗余力地帮助同族的亲人，对于没有血缘关系的乡亲也不含糊。他经常这样想："宗族乡党，见我生长，幼学壮仕，为我助喜，我何以报之？"等他退休回到家乡居住时，他拿出自己的三千匹绢，分给了同一个村子的人。

受范仲淹的言传身教，他的几个儿子都卓然自立。他的长子范纯佑，16岁跟随父亲防御西夏，屡立战功，是他的得力助手；次子范纯仁，后任宰相，在50年的为官生涯中，恪尽职守；三子范纯礼，官至尚书右丞；四子范纯粹，官至户部侍郎。四个儿子为官都正义敢言，关爱百姓，以清正廉洁著称，并且继承范仲淹"先天下之忧而忧，后天下之乐而乐"的情怀和乐善好施的品质，把做官得来的俸禄，大多用于扩大父亲创建的扶危济困的义庄上，帮助、救济了数以万计的贫困中的人们。

李文藻：做好事并不难

88岁的李文藻是东四七条63号院门口小黑板的主人。他每天都在黑板上更新天气预报，播报国家大事，已经坚持七八年了，被人们称作"黑板爷爷"。

这块小黑板，可以说是东四七条一道独特的风景。上面不仅写有当天的天气预报，还有当季应注意的问题，以前目前国家倡导的文明风尚，每个字都写得十分工整漂亮。不管是胡同里的常住人口，还是到此一游的外地游客，抑或是品味胡同别样韵味的外国友人，都忍不住默默点赞，不少人还拍照留作纪念。

"头一次看到这个小黑板的天气提示，我心里就琢磨这是谁写的，真好！"回忆起自己七八年前头一次看到小黑板时的情景，74岁的董淑印笑着说。"现在这个小黑板上的内容越来越丰富了，你瞧下面还写着文明出行的提示语呢，这都是老头儿自己想的。好多游客看到都会拍照留念呢，还有不少外国人照相呢！"小黑板的变化，她如数家珍。

在邻居们眼中，李文藻是一个闲不住的大好人。73岁的李书芳说："老头儿真好，这一条街的卫生都是他打扫，没事还出谜语让我们猜，我们这些老年人聚在这儿特别高兴。”除了制作温馨提示黑板，李文藻还在院门口种花种草、打扫环境卫生、捡废旧木料制作板凳……

网购流行后，代收快递也成了李文藻的一项重要工作。一辆顺丰快递车停在院门口，李文藻马上迎了上去。送快递的小伙说出收件人的名字，他立即转身准备去院里叫人。小伙子连忙拦下他说：“大爷，您等会儿，我先打电话问问他在家不？”听到小伙儿拨通电话，问对方在不在家，李文藻便对送快递的小伙儿说：“要是他不在家，你先把快递给我，让他找我取。”就这样，送快递的小伙子们都认识这位老爷子。在他们心里，快递交给李大爷一准儿错不了。同样有这个默契的，还有送报纸的邮递员。每天该院订的报纸，他们都统一交到李大爷手中，不用再挨家挨户送到报箱，因为李大爷会将报纸送到各家手中。

李大爷有着一颗正义之心，每每看到胡同里的矛盾纠纷，他都要上前管一管，而且，经他出手调解的纠纷都能圆满解决。最成功的一次，当属他三言两语阻止了一场械斗案。当时，那两个人一个拿着铁锹，一个拿着锤子，准备要动手。李文藻见此情形，大声呵斥：“不许打架，快把家伙放下，不然我打 110 报警了。”听到他这一吼，两人心里也有些顾忌，将举起的家伙放下了。问起打架的原委，其中一人对他说：“他不给我工钱让我没法活啊！”李文藻劝他：“人家不给你工钱，你也不能拿着铁锹要打架，出了人命，你不仅拿不回工钱，还要坐牢。”随后，他又对那个老板说：“人家给你干活儿，你要是觉得他工作得不称职，可以辞退他，不能克扣人家工钱。你这是犯法的行为，他可以去法院告你。”两人经他调解，各自放下“武器”散去。“现在是法治社会，干什么都得守法，打架斗殴哪儿成？”李文藻说。

李文藻与老伴杨秋萍，属于半包办婚姻，但他对妻子照顾有加。老伴为了准备晚饭，出去买饼，半天没回来，李文藻便匆匆出门去接她。结婚至今，他们很少争执，究其秘诀，他举了个例子：“她做饭我从不说好不好吃。如果你说不好吃，对方来一句‘不好吃，你别吃’这不就吵起来了？人家做饭本来就辛苦，应该感恩。”

“做好事并不难，每个人都能做到。”这是李大爷挂在嘴边的话，也是他对自己孩子、对年轻人的希望。他总说自己做的没什么，都是小事。的确，如他所言，打扫卫生、发报纸、代收快递、调解纠纷等事迹并不算轰轰烈烈，但却点点滴滴地在传达着善意和爱心。正如那首歌所唱的：“只要人人都献出一点爱，世界将变成美好的人间！”

叶润萍：“帮助他人是我最快乐的事”

叶润萍是东城区东四中队的文明引导员。在这个岗位上，她已经工作六年多了。她始终坚持一点：帮助他人是我最快乐的事。

2013 年 8 月的一天，叶润萍和同事王文茹一块儿，在北京站广场“学雷锋志愿服务岗”上义务指路。这时，一位中年妇女带着一个小女孩，从出站口走了出来，孩子的腿明显有问题，走得一瘸一拐的，引起了她俩的注意。这位妈妈也看到了她俩，赶紧牵着孩子过来，操着一口难懂的方言，焦急地问：“大姐，俺是从河南大山里来的，坐在火车上就听说了这北京好人多，可也有坏人，有骗子要当心呀。俺正想可千万别上当，这一下火车，俺就看见您这儿有雷锋像，俺就知道你们一定是好人。跟您打听一下，离这儿近一点的地方，有大医院不？”叶润萍一听，心里明白了大半，赶紧热心地告诉她：“有啊，最近的有同仁医院、北京医院，稍远一点还有协和医院，您看去哪一家呢？”回答完后，看着对方人生地不熟、焦虑不已的样子，叶润萍马上决定送她们娘儿俩去医院。说着，就把孩子抱在自行车上，推起车和孩子的妈妈边走边聊。孩子的妈妈告诉她，她家很穷，孩子爸爸外出打工，因一次意外事故去世了，就剩下她们娘儿俩。可前不久又来了倒霉的事，孩子的腿，也不知什么原因走不了了。在老家去了好几家医院，都没看好，这才下决心跟亲戚借了点钱，带孩子来北京看病。

到医院后，叶润萍帮孩子挂上号，又领着去找医生看病。大夫开了好几张化验单，叶润萍陪着妈妈，带孩子做检查，但还有几张单子当天做不了，需要预约成功后才能做。这样，母女俩只能先住下。时间已是 12 点多了，三人都已又渴又饿。看着这对母女乞求的眼光，叶润萍出了医院大门买个面包，买瓶水，让孩子先吃点。回来问孩子的妈妈：“这几天你怎么安排啊？”妈妈低下头说：“我还不知去哪儿呢，想先找个便宜的小旅馆住下，大姐您能帮我找一下吗？”叶润萍二话没说：“行，咱们出去看看，最好离医院近一点。”顾不上肚子饿，也顾不上要回家给生病的爱人做饭，叶润萍又带上孩子，推着车陪着娘俩顶着大太阳，一条街一条街地找。汗水湿透了衣服，腿也越来越沉，进进出出好几家，都因为价钱贵而作罢。好不容易终于找到一家相对便宜的旅店，叶润萍忙把母女俩的遭遇对老板娘说了，又替他们做了担保。老板娘说：“看在您是北京人，又是引导员的面子上，先让她们住下吧。”老板娘让母女俩象征性地交了点钱，就住了下来。直到这时，叶润萍才放心地准备离开。孩子的妈妈扑通一下跪在了地上，对着她磕头。叶润萍弯下腰去扶她，孩子妈妈抱住她哭了，感激地说：“谢谢，谢谢。您真是俺娘俩的恩人啊，俺永远都忘不了您。”回到家，已是下午 3 点多了，病重的爱人还没吃午饭。叶润萍感到一阵内疚，赶紧换下衣服给爱人做饭。

就这样，这么多年来，叶润萍对待工作兢兢业业，并在这个岗位上，尽己所能，热心帮助旅客和路人。为此，她还给自己留下了一个终身的遗憾。

那一年的 3 月 25 日，她爱人的病又重了。叶润萍赶紧把他送到医院，办好住院手续。可不巧的是，她刚刚调到东四中队当队长，手里的活很多，又赶上做补贴表。为了不耽误给大家发钱，叶润萍赶紧回家，熬了大半宿，终于在 26 号中午 11 点才把所有的事情做完。等匆匆赶到医院，医生一见面就发火了：“你们家属真够逗的，把病人放到医院就不管了是吧？！”的确，作为家属，在爱人住院之初，她应该和医生沟通一下，可她在第二天中午才赶到。而更大的遗憾是，3 月 27 日，叶润萍的爱人永远地离开了她……

尽管心中有着深深的遗憾，叶润萍却说：我并不后悔，因为在我最困难的时候，是好心人帮我渡过难关，是这个岗位给了我回报社会的机会；帮助他人是我最快乐的事，我将尽我所能多做有利于大家的事。

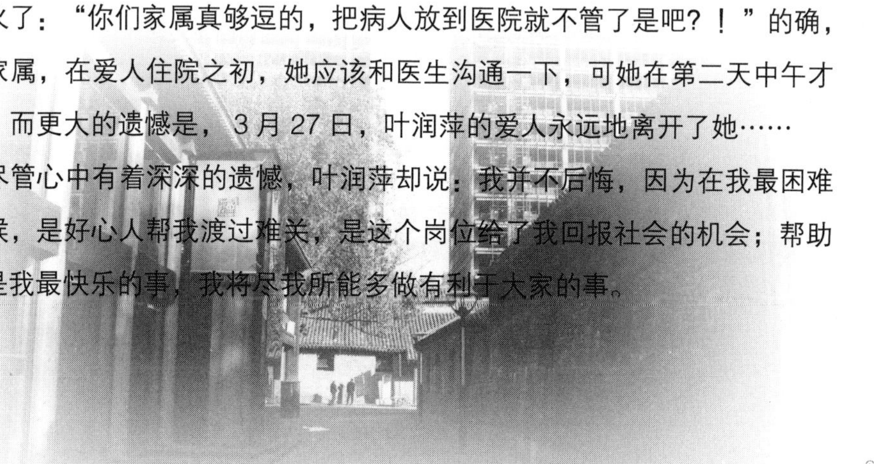

【扩展阅读】

方便铭（选）

太乙真人

周全窘危，提醒迷误。
见恶叹阻，见善赞助。
片言利人，千金莫敌。
一语福世，万善已溢。
不费之惠，人该乐作。
当面错过，即此为恶。
行之自矜，善力便轻。
隐而不伐，仙籍标名。

无题

佚名

雪中送炭三九暖，视若无睹腊月寒。
锦上添花不觉美，助人为乐众称羡。

教子

“人生至要，无如教子。”如果说，一个人年少未成家时，最重要的事情，无疑是自己的学习、修身、成家和立业；而一旦养育孩子之后，教子则成为人生的一件至关重要的大事。可以说，不管个人的事业如何成功，但是，如果在教育孩子的问题上失败了，那么，他人生的后半程只能算是失败的。李嘉诚先生曾说过：“一个人事业上再大的成功，也弥补不了教育子女失败的缺憾！”在美国波士顿郊区的车窗外，随处都能看到这样的语录：“一百年以后的今天，你现在开什么车、住什么房子、赚多少钱，都变得无关紧要。重要的是，你养育了一个怎样的孩子。”因为，无论对于个人、家庭，还是民族、国家，下一代总是承载着未来和希望。孩子没有教育好，也就意味着没有了未来，失去了希望。

【家训格言】

教子婴孩，教妇初来。

——［北齐］颜之推《颜氏家训》

为人母者，不患不慈，患于知爱而不知教也。

——［北宋］司马光《家范》

人生至乐，无如读书；至要，无如教子。

——［南宋］家颐《教子语》

湿时捆就，断了约儿不散；小时教成，殁了父兄不变。

——［明］吕坤《续小儿语》

有好子孙方是福，无多田地不为贫。好与不好，只争个教与不教。

——［清］顾之英《居家格言》

有子不教，不独在己薄其后嗣，兼使他人之女配非其人，终身受苦。有女失教，不特自贻他日之忧，亦使他人之子娶非其偶，累及家门。

——［清］张履祥《训子语》

有田亩便当尽力开垦，有子孙便当尽力教诲。田畴不垦，宁免饥寒？子孙不教，能无败亡？

——［清］张履祥《训子语》

孩子是小树，要浇水，也要修枝，才能成才。

——东四街道南门仓社区李长青

富若不教子，钱谷必消亡。

——东四街道二条社区杨旭

教儿育女切忌娇，娇生惯养难成人。

——东四街道八条社区张素芬

教育子女正且稳，育成栋梁福泽民。

——东四街道八条社区王鸿群

欲高门第须为善，要好儿孙必读书。

——东四街道二条社区李彩铃

学习时要讲究方式方法，不能过于急躁或呵斥，要和风细雨，由点到面，循序渐进，以表及里。

——东四街道总院社区高天福

教育方法：孩子，你永远是最棒的。

——东四街道总院社区马淑英

家训故事

欧阳修像

欧阳修母亲：画荻教子

欧阳修是北宋著名的政治家、文学家。政治方面，他官至翰林学士、枢密副使、参知政事，颇负盛名，谥号文忠，世称欧阳文忠公；文学方面，也取得了很高的成就，有人将其与韩愈、柳宗元和苏轼合称“千古文章四大家”；他还在经学、史学、金石学等方面成绩卓著。

欧阳修四岁的时候，父亲就去世了，与母亲一道，寄居叔父家，在湖北随州长大。母亲郑氏一心想让儿子读书，可是，家中赤贫，哪里有钱供他上学呢？郑氏左思右想，决定自己教儿子。她买不起纸笔，就拿荻草秆在地上写字，代替纸笔，教儿子认字。

在这样艰苦的情况下，欧阳修刻苦勤奋地学习，常从城南李家借书抄读。由于天资聪颖，往往书还没有抄完，已经能够通篇背诵了。他年少时习作诗赋文章，文笔老练，完全像成人一样。叔父看到欧阳修这情况，非常高兴地对欧阳修的母亲说：“嫂子不要为家里贫困、孩子年幼担忧，这是一个少见聪明的孩子，长大后不仅能光大门楣，而且一定会名重当世的。”

日后的欧阳修，果然不负母亲的悉心教导，终以其道德文章和政绩光耀史册。

隋静：给孩子穿金戴银，不如送孩子去读书

谈到家训，南门仓社区的隋静，从小听父亲讲得最多的是这样一句话：“给孩子穿金戴银，不如送孩子去读书；给孩子留万贯家财，不如教会孩子做人的道理。”这句话，其实是她祖父对孩子们的家训。祖父是这样说、这样做的，父亲也是这样说、这样做的。

隋静祖籍在渤海湾的边上，向东五里就是大海边。父亲兄弟三人，二伯英年早逝，大伯玩心太重，念书总念不会。粗通文墨的祖父，一辈子吃了不少文化不高的亏，他一心要让自己的孩子读书。他坚信，人只有读了书，才能明事理，才能做大事。他从顽皮的三儿子身上看到了希望，因为他看到这个顽皮得三村五镇都出名的孩子，只要坐到学堂里就很认真、很安静，而且读书很勤奋，从不迟到早退，先生也对他另眼相看，祖父常常引以为傲。

到上中学的年龄了，祖父把 15 岁的父亲只身送到北京读高中。由于连年战乱，家道中落，祖父卖掉田地送父亲读书，乡邻们都认为祖父疯了：农民怎么能把田产卖掉，去读什么不能当吃、不能当穿的书呢，这不是败家吗？祖父却笑着回答：“我把田地换成书，让三儿装到肚子里去了，旱涝保收，旱涝保收！”

隋静父亲从北京四中读到北京大学，一路成绩优异。1948 年，他在学校接受了马列主义，在地下党同学的影响下，参加了学生运动，并在即将大学毕业时，投笔从戎，参加了解放军，跟随大军一路南下。解放战争、西南剿匪，他的很多同学、战友都牺牲了。1950 年，抗美援朝战争打响，父亲作为彭老总的秘书，第一批入朝参战。彭大将军的人格魅力，深深地影响了父亲。他一生不说假话、不趋炎附势，在困难面前从不低头。在朝鲜战场上，无论战争多么残酷、条件多么艰苦，父亲都随身带本书，哪怕是在防空洞里躲飞机轰炸，只要有机会，就看几页。有一次，父亲去给彭老总取一份重要文件，回来时汽车被美国飞机发现了，一路狂追。汽车被炸飞了，父亲抱着公文包，围着一块大石头和美国飞机捉迷藏。飞机围着大石头转着圈地开枪，父亲看得见低空飞翔的美国飞行员，脸上一副嘲弄的表情，一心想置他于死

地。可父亲凭着机智与勇敢，周旋了 20 分钟，最后美国飞机无可奈何地飞走了。车上的司机和警卫员全牺牲了。飞机飞走后，父亲看到他的公文包上钉着一块大弹片，打开公文包，才知道是包里的一本厚书没有让弹片打穿，救了他一命。后来，他被朝鲜人民军送回了志愿军总部。父亲想把这本书保存起来，只可惜在后来的又一次敌机轰炸中烧毁了。父亲后来总说，是书让他走出了家乡，是书让他走上了革命，是书救了他的性命。

父亲从 15 岁离家，就没有回去在祖父母身边尽过孝，可祖父母仍旧把他引以为骄傲，因为他们知道儿子在做大事。

50 年代中期，隋静的父亲从朝鲜战场回来，离开了野战军，凭借扎实的文化功底，到军事学院做了一名教员，为年轻的共和国军队培养高素质的人才。电视剧《亮剑》《激情燃烧的岁月》，对这段历史都有描写。70 年代末，隋静的父亲从部队转业，到地方院校做了教授。他一生作风严谨，淡泊名利，总是说："人对物质的东西追求得越多，精神就越空虚，精神空虚的人就没有幸福。"

隋静的父亲直到 68 岁时，才离开了他热爱的讲台，离休赋闲在家，但每天仍坚持学习，学书法、国画、国学等各种各样的知识。80 多岁的老人，嘴里说得最多的就是"这个东西我还没有学明白"。他在不断的自我学习中，也不断发挥特长，组织周围有爱好的同志，教大家学习书法、绘画，给大家讲国学。一直到 83 岁时，学院还每天派人派车，接送他去给学生上课。他的课堂座无虚席，学生们对这个义务上课的老教授爱戴有加。学校要给他报酬，他坚辞不收；不但不收钱，看到有学生生活困难，他还会慷慨解囊。

隋静的父亲一生从不为自己争名利。有一次，一位老战友因为分房子感到不公，找到他来诉苦。看到气愤的老战友，父亲对他说："你有 100 多平方米的住房，你还不知足？某某某、某某某他们每个人只有一平方米，而且永远没有家，他们应该怎么样？"父亲说的都是他们牺牲在战场上的战友。说得那位老人低头不语，满面羞愧。那天，两位老人都喝醉了……

从小，父亲就对隋静姐弟俩严格要求。孩子们可以淘气，可以打架，唯独不能不读书。不管是在因彭总受牵连时，还是"文化大革命"中蒙受不白之冤，只要能往家里写信，他一定告诉妻子，让孩子们好好学习。当时赶上了"文革"时期，学校不上课，书读不成了，父亲告诉姐弟俩"开卷有益"，要他们在家里自己看书。参加工作后，姐弟俩在各自的岗位上，努力把本职工作做到最好，同时利用业余时间继续读书。父亲要求他们，无论做什么工作都要做到尽力，要凭自己的能力，不能投机取巧。

现在，孙辈都已经长大，一个从北京科技大学毕业，另一个是北京大学毕业，成了爷爷的校友。在离休后，关心两个孙辈成为老人最大的快乐，两个孩子也成了爷爷最大的骄傲。看着两个孩子，隋静的父亲总会说："孩子必须读书，读书才能明事理。只有把知识装到脑子里，才是最大的财富！"

冯雨：带孩子"读万卷书，行万里路"

怎样教育孩子？对很多父母来说，是件头疼的事。总院社区的冯雨，为我们讲述了他们家那套行之有效、让她很有些自豪的教子方法：带孩子"读万卷书，行万里路"。这方法，使她的孩子健康、快乐、上进；这方法，值得很多家长学习和借鉴。下面，让我们跟随冯雨的讲述，细细体味她的教子之道吧。

小时候，我就有意识地给孩子买适合的书。只要有时间，书店是我带孩子必去之地。把书买回来了，在上面写上"宝贝必读的书"，这让孩子很兴奋。作为一本书的所有者，他有种主人公的感觉，无形中，他就会很自觉地去读、去思考。虽然我没有认真指导儿子读书，但带着儿子旅行，一边旅行，一边读书，一边思考，和儿子一起走天涯，可以说是我值得骄傲的一种教育方法。

在儿子 18 岁前，我和老公带他走过很多个省份，这也是儿子十分骄傲的经历。那是一些快乐的日子，是一些收获甚丰的日子，也是我们一家人格外亲密的日子。

儿子喜欢读书，我们带他到全国各地去旅行，把他读过的书变活，让他在大自然中寻找历史遗迹。我印象比较深的是带他去三峡。我们从武汉出发，经过荆州到宜昌，然后再到重庆。儿子很喜欢三国故事，对诸葛亮、关羽尤为赞赏。还记得儿子崇拜诸葛亮，始于小学时代。当时，他看了电视剧《三国演义》后激动不已，说长大了要像诸葛亮一样指挥千军万马。我乐了，说："好哇，有诸葛亮这般大智大勇的儿子，老妈心满意足。"

因此，在荆州，儿子不断央求我讲关羽"大意失荆州"的故事：

"关羽当时远征樊城，荆州空虚。曹操采纳司马懿之计，一面调五万精兵去救援樊城，一面联结东吴，叫孙权暗袭荆州。那时，东吴守将是大将吕蒙，很厉害。关羽为防吕蒙，留下重兵防范，吕蒙难攻。这时，陆逊献计说：'关羽自恃英勇无敌，所怕的就是你。如果将军辞职，关羽一定中计。'吕蒙依计而行，关羽果然中计，便把荆州重兵调来攻打樊城。结果，吕蒙率吴军攻破荆州。关羽被迫走麦城，被吴军设计俘虏并杀害。后来张飞为了给关羽报仇，匆忙上阵，对部下过于苛刻，大醉之后被部下所杀。刘备也被几场大仗打得一蹶不振。在白帝城，刘备把孩子阿斗托给诸葛亮，这就是著名的'白帝托孤'……"

儿子还要问，我说："别急，三峡路上有无数三国故事，到宜昌再说吧。"

我想，经过了荆州之行，儿子会对"大意失荆州"的历史教训记一辈子。

我们在船上游三峡，儿子不由感慨万千，想不到第一次感觉到自己和历史这么贴近，和那些他崇拜的伟人走在同一条路上。

我也难忘游三峡的那个晚上。我们披着月光，在甲板上惬意地聊天。我们谈论着从三峡中走过的历史名人，如李白、杜甫、白居易、陆游、苏东坡等文豪，诸葛亮、关羽、张飞、吕蒙、马谡等战将，兴致盎然。

儿子朗诵起李白的诗："朝辞白帝彩云间，千里江陵一日还。两岸猿声啼不住，轻舟已过万重山。"老公回味着这首名诗，说："我记得，1958年春天，毛泽东游三峡，船到白帝城下时，他也曾兴致勃勃地吟诵过这首诗。"我感慨地说："长江是中国文化之江，也是中国文化人之路。走在三峡中，就是走在历史中。人人都能在这里得到净化和升华。"儿子激动地叫起来："长江三峡，我们来了！我们来了！"

船至奉节，儿子说："江姐的丈夫彭咏梧就牺牲在这里。"《红岩》是我们推荐儿子看过的书，也是震撼过我们自己的书。我说："听说，他的墓就在这里。到重庆之后，咱们可以去渣滓洞和白公馆看一看。""一定去！"儿子恳切地说。在重庆只有一天的时间，我们去了红岩村，又去了渣滓洞和白公馆。我发现，儿子瞪大了眼睛，仔细地观察这狱中的一切。到了江姐被关押的牢房，他的步子放慢了，一会儿干脆停在那里，逐字逐句地读着说明文字。

儿子低声问："江姐她们为什么不怕折磨？怎么连死都不怕呢？"

"这就是信念的力量，人格的力量。"我轻轻答道。

"今天的人能做到吗？""能，但要修炼很久才能。"

儿子沉默了一会儿，说："回家后，我要再看一遍《红岩》。"

后来我们又去了眉山县，游览了三苏祠。说心里话，在所有去过的地方，我特别希望儿子去三苏祠，因为苏东坡是我最欣赏的诗人，并且将其视为最可借鉴的人生楷模。

儿子读苏东坡的作品不是太多，不明白我为何如此推崇这位一千多年前的文豪。我告诉他："著名作家林语堂，曾用英文写了一部《苏东坡传》，对这位北宋诗人的旷达人生给予极高评价。林语堂说他历经坎坷，却总是热爱生活，富于创造。'他的一生是载歌载舞，深得其乐；忧患来临，一笑置之。'"

听我这样说，儿子对苏东坡的兴趣也浓厚起来，默诵苏东坡的名句："'明月几时有，把酒问青天……’，‘十年生死两茫茫。不思量，自难忘。千里孤坟，无处话凄凉……’”

四川之行结束了。儿子快 18 周岁了，我想这些经历对于儿子来说，是在读一本无字的书。把读有字的书和读无字的书结合起来，让孩子真切地感受到艺术、文学就在我们身边，感受到中华民族灿烂的文化历史，我想这才是读书的真正奥妙所在。

真正让孩子读“活书”，多带孩子外出体验书中的世界，我的教育建议是：

有计划安排外出旅游。父母应该充分利用节假日，有计划地安排外出旅游。重要的是要结合孩子最近看的书，带孩子到实际生活中体验、参观，避免书呆子气。当然也要考虑孩子的意愿，问问孩子的意见。

鼓励孩子在生活中利用书中的知识。许多介绍社会知识和科普知识的书籍，都有一定的实用价值，父母要鼓励孩子在生活中利用这些知识。比如，孩子读了地理读物后，在旅游时，可以让孩子来制定旅行路线等。

给孩子讲解与旅游景点有关的知识。带孩子出去旅行时，最好要给孩子讲解一些相关的知识。让孩子在旅游时，也如同在读书一样，从中受到教益。父母如果不了解当地景点的知识，可以及时查找，上网搜索，做好知识储备，以便能教给孩子需要的知识，让旅途充满新奇与快乐。

【扩展阅读】

劝学文

[唐] 白居易

有田不耕仓廪空，有书不读子孙愚。
仓廪虚兮岁月乏，子孙愚兮礼义疏。
若惟不耕与不教，是乃父兄之过欤。

劝学歌

[宋] 司马光

养子不教父之过，训导不严师之惰。
父教师严两无外，学问无成子之罪。
暖衣饱食居人伦，视我笑谈居土块。
攀高不及下品流，稍遇贤才无与对。
勉后生，力求诲，投明师，莫自昧。
一朝云路果然登，姓名亚等呼先辈。
室中若未结亲姻，自有佳人求匹配。
勉旃汝等各早修，莫待老来徒自悔。

劝学文

[宋] 柳永

父母养其子而不教，是不爱其子也。
虽教而不严，是亦不爱其子也。
父母教而不学，是子不爱其身也。
虽学而不勤，是亦不爱其身也。
是故养子必教，教则必严；
严则必勤，勤则必成。
学则庶人之子为公卿，
不学则公卿之子为庶人。

趁早歌（之一）

[明] 陈其德

教子须趁早。
教子不趁早，大来多颠倒。
舐犊真可怜，佑其非草草。
蒙养是圣功，琢磨全在小。

后记 postscript

习近平总书记在2015年春节团拜会致辞中指出，家庭是社会的基本细胞，是人生的第一所学校。不论时代发生多大变化，不论生活格局发生多大变化，我们都要重视家庭建设，注重家庭、注重家教、注重家风……

北京市东城区东四街道每年举办“忆家训、谈家风、促和谐”的“家训堂”活动，征集家训格言，缅怀先人的点滴往事，将他们的优良品德学习传承下来，弘扬优良家风。活动开展十年间，征集到的家训总量已达1300多条，家训故事约百篇。

在此基础上，《家训》一书应运而生，它不再只是简单的家训格言汇集，也不再拘泥于零散的言传身教，它分为上、下两部分，划分主题，囊括崇德、律己、立志等20个篇章，用这些家训和故事构建起治家指南，约束和指导着人们的言行举止。

本书在编辑过程中得到了北京师范大学国学经典教育研究中心、东城区东四街道的大力支持和帮助，并由北京市社会科学界联合会赞助出版，在此一并表示感谢。

编者

2017年3月16日